aruco

東京で楽しむ
フランス

aruco TOKYO×FRANCE

こんどの休日も、いつもと同じ、お決まりコース？

「みんな行くみたいだから」
「なんだか人気ありそうだから」
とりあえず押さえとこ。
でも、ホントにそれだけで、いいのかな？

やっと取れたお休みだもん。
どうせなら、いつもとはちょっと違う、
とっておきの1日にしたくない？

『aruco』は、そんなあなたの
「プチぼうけん」ごころを応援します！

◆ 女子スタッフ内でヒミツにしておきたかったマル秘スポットや穴場のお店を、
　思い切って、もりもり紹介しちゃいます！

◆ 行かなきゃやっぱり後悔するテッパン名所 etc. は、
　みんなより一枚ウワテの楽しみ方を教えちゃいます！

◆ 「東京でこんなコトしてきたんだよ♪」
　トモダチに自慢できる体験がいっぱいです。

もっともっと、新たな驚きや感動が私たちを待っている！

さあ、"東京で楽しむフランス"を見つけに
プチぼうけんにでかけよう！

arucoには、あなたのプチぼうけんをサポートする
ミニ情報をいっぱい散りばめてあります。

arucoスタッフの独自調査によるおすすめや本音コメントもたっぷり紹介しています。

楽しい季節のイベントや、おうち時間を充実させるお役立ち情報もお届けします！

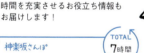

プチぼうけんプランには、予算や所要時間の目安、アドバイスなどをわかりやすくまとめています。

■発行後の情報の更新と訂正について
発行後に変更された掲載情報は、『地球の歩き方』ホームページ「更新・訂正情報」で可能な限り案内しています（レストラン料金の変更などは除く）。旅行の前にお役立てください。
URL book.arukikata.co.jp/support/

どのぼうけんにしようかな？

知っておくと理解が深まる情報、アドバイス etc. をわかりやすくカンタンにまとめてあります。

右ページのはみだしには編集部から、左ページのはみだしには旅好き女子のみなさんからのクチコミネタを掲載しています。

物件データのマーク

- 🏠 ……住所
- ☎ ……電話番号
- 🕐 ……営業時間、開館時間
- 休 ……休館日、定休日
- 料 ……料金、予算
- 予 ……予約の必要性
- 交 ……交通アクセス
- URL ……ウェブサイトアドレス

MAPのおもなマーク

- ✚ ……見どころ
- R ……レストラン＆バー
- C ……カフェ
- S ……ショップ
- H ……ホテル

本書は2021年3〜5月の取材に基づいていますが、記載の営業時間と定休日は通常時のものです。特記がない限り、掲載料金は消費税込みの総額表示です。
新型コロナウイルス感染症対策の影響で、営業時間の短縮や臨時休業などが実施され、大きく変わることがありますので、最新情報は各施設のウェブサイトやSNS等でご確認ください。
また掲載情報による損失などの責任を弊社は負いかねますのでご了承ください。

東京でフランスをプチぼうけん！
ねえねえ、どこ行く？なにする？

東京にはフランスを感じられる
スポットがいっぱい！
フランス LOVER もナットクの体験を
ピックアップ♡
ビビッときたものには
ハナマル印をつけておいて！

フランス語トークがクロス！
音も匂いもパリのビストロ
P.15

フランス人シェフの店が
行きつけに加わりました
P.58

19世紀の雰囲気を味わう
それもショッピングの一部
P.22

どっぷりフランス気分に浸れちゃう
これは絶対やりたい！ 食べたい！ ゲットしたい！

こだわりのアンティーク
並んでいるだけで絵になる〜
P.82

歴史あるパリの有名レストラン
一流の味とおもてなしを東京でも
P.20

フランスを旅してる気分だね〜♪

額縁の絵は厨房風景？
シェフのこだわりは内装にも
P.69

細かなパーツをカスタマイズ
自分色のバッグができました
P.32

ガレットとシードル
まさに無敵のマリアージュ
P.102

印象派ゆかりの地をめぐる
予習を兼ねて美術館へ
P.110

冷凍食品優秀過ぎ！
本格ディナーできちゃった
P.76

ファブリックや照明を変えて
部屋を南仏色に染めてみる？
P.104

Contents

aruco 東京で楽しむフランス

- 8　フランスを感じる！　東京かんたんエリアナビ
- 10　フランス3大テーマ別 aruco的究極プラン

13　パリジェンヌ気分で東京を楽しむ！ とっておきのプチぼうけん

- 14　①「リトルフランス」へようこそ！　神楽坂でなりきりパリジェンヌ
- 20　②特別な日のご褒美ディナー！　リュクスなレストランで本格フレンチ
- 22　③19世紀のパリにタイムトリップ!?　優美な自然の恵みをお持ち帰り
- 24　④フランスの食のプロ、並木麻輝子さんと　東京のフレンチグルメを満喫する1日
- 28　⑤「いつ行ってきたの？」と聞かれそう！　フレンチスポット撮影テクを伝授
- 32　⑥憧れのフランスブランドで　自分だけのカスタマイズを実現！
- 34　⑦ロマンティックな世界にうっとり　名建築を彩るフランスの美を訪ねて

41　おなかも心も大満足！ 美食都市TOKYOの絶品フレンチグルメ

- 42　パリ時間が流れるおしゃれなカフェで過ごすひととき
- 44　パリの町角にいるかのよう テラス席のあるカフェ4選
- 48　優雅なサロン・ド・テでフランス流アフタヌーンティー
- 50　かわいいインテリアにも注目！乙女度満点のクレープ&ガレット
- 52　パリで愛される伝統のビストロ料理を満喫！
- 54　郷土料理を食べ歩いてフランスの地方グルメ旅
- 56　フランス好きなら通いたくなるこだわりのワインバー
- 58　フランス人パティシエが作る極上スイーツに夢見心地
- 60　長く愛されるのはワケがある 名パティスリーの看板スイーツStory
- 62　2大人気スイーツマカロン&カヌレ食べ比べ
- 64　魅力的なフランス菓子をSNSで発信！ムッシュサトウが選ぶ東京のスイーツ
- 66　誰に贈る？ あげたい人別「パリのショコラ」SELECTION
- 68　フランス発×日本発 形は似ててもこんなに違う！ 毎日食べたいバゲットは？
- 70　甘い⇔しょっぱい無限ループ！ バゲットが秒でなくなるパンのお供
- 72　本場の味をおうちで楽しむ！ おしゃれなフランスの「おやつパン」
- 74　選び方から楽しみ方まで 早わかりチーズレッスン
- 76　冷凍食品スーパー「Picard」で時短簡単おうちフレンチ

79 おうちで愛でたい♡ かわいいフランスをお持ち帰り！

- 80 お部屋をパリ色に染める すてきなフレンチ雑貨
- 82 フランスで買い付けた名品がずらり！ こだわりのアンティーク＆雑貨店へ
- 86 オリジナルデザインから定番まで フランス生まれのステーショナリー
- 88 お気に入りのアロマでリラックス フランスから届いた香りの贈り物
- 90 フランス発、食の専門店でグルメショッピングを楽しむ
- 92 パリ発のオーガニックスーパーで見つけた日常使いのMade in France大集合！
- 94 缶が欲しくてついつい買っちゃう！ 美しいフレンチ萌え缶コレクション
- 96 全部欲しくなっちゃう！ エコバッグ＆トートバッグ選手権

101 エスプリ漂う エリア別おさんぽプラン＆アートスポット

- 102 渋谷Bunkamuraでフレンチカルチャーに浸る1日
- 104 おしゃれなフレンチ雑貨でココロ潤す 昼下がりの表参道～原宿さんぽ
- 106 名店ひしめくオフィス街 丸の内で洗練された手みやげ探し
- 108 都会のオアシス フランス風庭園で癒やし時間
- 110 フランスのエスプリを感じるアートスポット

MAP	
114 東京広域	122 フランス料理図鑑／フランス語ミニ教室
116 丸の内・日本橋	124 もっと東京でフランスを楽しむ お役立ち情報
117 銀座	126 インデックス
118 原宿・表参道	
119 渋谷・恵比寿・代官山	aruco column
120 飯田橋・神楽坂／自由が丘	40 お取り寄せこだわりグルメで簡単フレンチに挑戦！
121 広尾・六本木・麻布／目黒	78 郷土菓子でフランス地方旅
	98 「私たちの密かなお気に入りはコレ！」
	100 1着は持ちたい「アニエスベー」の2大ロングセラー

 グルメ　ショッピング　おさんぽ　見どころ　情報

フランスを感じる！ 東京かんたんエリアナビ

フランスっぽい町角やかわいいお店はどこにある？
まずは東京全体を見渡して、旅のプランに役立てよう。

フランス語が聞こえてくる街
神楽坂・飯田橋 P.14

趣のある横丁にフランス料理店が点在し、歩いているとフランス語のおしゃべりが聞こえてくる。パリのモンマルトルのような石畳の小径でパリジェンヌを気取りたい。

アートもスイーツも新旧スポットで網羅
渋谷・恵比寿 P.102
Map P.119

映画や美術展などフランス文化に触れられる「Bunkamura」と、名店揃いの商業ビル「渋谷スクランブルスクエア」でアート＆グルメさんぽ。恵比寿にはフランスを思わせるフォトスポットも。

シャンゼリゼ気分で歩きたい
表参道・原宿 P.104

ケヤキ並木が続く表参道はパリのシャンゼリゼ大通りのよう。通り沿いには高級ブランド店が並び、横道にそれるとかわいい雑貨店も見つかる。青山通りから外苑前方面へ行くのもおすすめ。

おしゃれなハイセンスビル街
丸の内 P.106

整然と並ぶモダンなビルやクラシカルなレンガビル。建物ウォッチングも楽しめる丸の内エリアには、フランスブランドの名店があちらこちらに。テラス席で朝食を食べたら優雅にショッピング。

Check Point
お役立ち Travel Tips

🐦 **外でショッピングもできる！お得な「のりかえ」術とは？**

東京メトロの改札を出て別の東京メトロの路線に乗り換える場合、都心の一部の駅では60分まで外出可能！ただしきっぷの場合はオレンジ色の「のりかえ専用改札機」を使うこと。

🐦 **JR・地下鉄・私鉄以外の交通手段もチェック！**

近い場所の移動ならタクシーも便利。初乗りは420円（約1kmまで）。都営バスは主要エリアをくまなく網羅。23区内は均一運賃で大人210円先払い。

🐦 **パリの面積はJR山手線の内側くらいの広さ！**

山手線は1周約1時間。時計回りに走る電車が外回りで反時計回りが内回り。アナウンスの声でも識別でき、外回りは男性、内回りは女性。

本当にお得なきっぷ Best3

鉄道での移動に使える9種類ほどのお得なきっぷのなかでも、おすすめがこちら！

👑 **Best 1　東京メトロ・都営地下鉄 共通一日乗車券 ￥900**

東京メトロの初乗り170円を6回、都営地下鉄なら初乗り180円を5回利用すれば元が取れる！

都心部の観光の移動に一番便利な地下鉄（東京メトロと都営地下鉄）が一日乗り放題のきっぷ。当日券は自動券売機で買える。

👑 **Best 2　都区内パス ￥760**

JRの初乗りは140円。東京〜西荻窪の往復で元が取れる！

東京23区内のJR普通列車（快速含む）の普通車自由席が一日乗り放題に。23区外のエリアを訪れる場合は、乗り越し精算に注意を。

👑 **Best 3　東京メトロ24時間券 ￥600**

東京メトロの初乗りは170円。4回利用すれば元が取れる！

東京メトロが使用開始から24時間乗り放題に。沿線施設で割引などがある「ちかとく」（URL chikatoku.enjoytokyo.jp）を「東京メトロ・都営地下鉄 共通一日乗車券」と同様に利用可。

※ICカードときっぷでは運賃が異なります。

マイタウンと呼びたくなる
自由が丘　Map P.120

雑貨店やスイーツ店がギュッと詰まったコンパクトなサイズ感がうれしい。東横線、大井町線に気になるお店が多いので沿線めぐりも。

インターナショナルエリアといえば
広尾・六本木・麻布　Map P.121

フランス大使館があり、インターナショナルなイメージの広尾〜麻布界隈。「東京ミッドタウン」を中心とした六本木は地下鉄で簡単移動。

フランスを感じるパン屋さんも

フランス3大テーマ別 aruco的 究極プラン

ひたすらフランスに浸りたい！ フランスに行った気分を味わいたい！
食べたいものはいっぱいあるし、ショッピングだって楽しみたい。
そんな欲張り女子のために、arucoがフランスどっぷりの超満喫プランをご紹介。

Plan 01 1日まるごとフレンチグルメ

朝から夜までフランスのおいしいもの三昧！
フランス人シェフのカフェ＆スイーツ店で
"Bonjour" って挨拶しちゃおう。並んででも買いたい
限定スイーツや巨匠のショコラもゲット！

9:00 「VIRON 丸の内店」で朝食 P.44

テラスで朝食 気分はパリのカフェ♪

徒歩5分

10:00 「ÉCHIRÉ MAISON DU BEURRE」で ブロワイエ・デュ・ポワトゥーを買う P.90,107

地下鉄1分

11:00 銀座三越「Frédéric Cassel」で お菓子を買う P.94

ここのビスケットは定期購入

地下鉄11分

12:00 「Citron」でサラダランチ P.43

Bienvenue!（ようこそ）

地下鉄14分

13:15 東京ミッドタウン「Artisan de la Truffe Paris Tokyo Midtown」でトリュフ塩、「DEAN & DELUCA 六本木店」でかわいい缶入りのお菓子を買う P.91,95

地下鉄1分

14:00 「Bio c'Bon」でオーガニック食材を買う P.92

朝食用のシリアルも買おうかな

地下鉄12分

15:00 「Pâtisserie PAROLA」で カウンターデザート体験 P.59

お客様の前で仕上げます！

地下鉄7分

16:30 「LE CHOCOLAT ALAIN DUCASSE」でチョコを買う P.66

憧れのショコラに目が♡

©pmonetta

地下鉄18分

18:00 「Saint-Jean-Pied-de-Port」でバスク料理ディナー P.55

Plan 02 Made in Franceを買う!

品物に宿る物語を聞きながら一点物の アンティークを探したり、フランス製コスメを プレゼントに選んだり、ショッピング三昧の1日。 憧れブランドで私だけのバッグをオーダーしても。

11:30 「L'Occitane Omotesando VOYAGE SENSORIEL」
でお買い物 P.89

気に入った パリみやげを リピート

徒歩1分

12:00 「Longchamp La Maison 表参道」 P.32
でバッグをカスタマイズオーダー

完成が ワクワク 楽しみ☆

徒歩5分

13:00 「La Fée Délice」でランチ P.50

ガレットを 召し上がれ!

JRで5分

14:15 「Torico-lore」でアンティーク製品を買う P.82

探してた 一品に出合 えるかも

徒歩15分

15:00 「OFFICINE UNIVERSELLE BULY 代官山本店」で
スキンケア用品を買う P.22

店内が 美の空間 そのもの!

東横線9分

15:45 「quatre saisons tokio」で
キッチン雑貨を買う P.81

徒歩4分

16:15 「Mieux」でカフェ・オ・レ・ボウルを買う。 P.85

少しずつ 買い足す 喜び

大井町線2分

17:00 「Numéro 5 Paris」で
スイーツを買う。 P.58,63

5つの味を お試しください

こんなおみやげ 買っちゃいました

自然派成分100 %の入浴剤を 「Bio c'Bon」で。 各352円 P.92

「quatre saisons tokio」で ゲットした バゲット型の マグネット。 396円(左)、 363円(右)

「La Fée Délice」 の自家製キャラ メル。1200円 P.50

「quatre saisons tokio」オリジナ ルのエコバッグ。 ネイビーをチョ イス。880円

11

Plan **03** 観る、撮る、味わうアート！

フォトジェニックなスポットでとっておきの写真を撮影したら、フランスの本物のアールデコの世界に浸って。芸術的なスイーツでおしゃれセンスもアップしたい！

10:00「アテネ・フランセ」のピンクの壁で撮ったかわいい写真をSNSでシェア P.29

アルファベットが踊ってる♪

JR6分

11:00「迎賓館赤坂離宮」を見学 P.34

迎賓館赤坂離宮画像提供・出典：内閣府迎賓館ウェブサイト

徒歩20分

12:30「AUX BACCHANALES 紀尾井町」でランチ P.45

地下鉄4分

開放的なテラス席でランチ☆

13:45「新宿御苑」でフランス風庭園を散策 P.109

©環境省新宿御苑管理事務所

徒歩15分

14:30「LE SALON DE NINA'S 小田急百貨店新宿店」でティータイム P.49

紅茶で優雅な昼下がり

JR12分

15:45「東京都庭園美術館」でアールデコ建築鑑賞 P.36

画像提供：東京都庭園美術館

JR8分

まさに食べるアート！
17:15「Michalak Paris 表参道店」のスイーツを堪能 P.60

徒歩20分

おしゃれな隠れ家ワインバー
18:30「apéro. wine bar aoyama」で乾杯！ P.56

ワインに合うもの揃えました

Santé! 乾杯！

12

パリジェンヌ気分で東京を楽しむ！
とっておきのプチぼうけん

石畳の街をおさんぽしたり、宮殿気分を満喫したり、
憧れブランドのカスタムメイドにもトライして♪
東京にいながらフランスの旅気分を味わえる
プチぼうけんプランをピックアップ！

プチぼうけん 1

「リトルフランス」へようこそ！
神楽坂でなりきりパリジェンヌ

Envie de devenir Parisienne? Oui!

「東京でフランスを感じる場所」として一番に名前が挙がるのが、神楽坂。1日歩けば、気分はパリジェンヌ!?

神楽坂さんぽ TOTAL 7時間
- オススメ時間 10:30～17:00
- 予算 7000円

歩きやすい靴で出かけよう
神楽坂は、路地裏に入ると石畳の道も多く、ヒールのある靴だと痛めてしまうことも。履き慣れた靴で出かけよう。

エスプリ漂う 神楽坂1日さんぽ

アンスティチュ・フランセ東京から始めて、神楽坂通りの界隈を散策。飯田橋まで1日かけてぐるっと回ってみよう。

パリのビストロ料理を届けます

petite FRANCE Kagurazaka

待ってて フランス！

1. 人気フレンチキャラクターの絵本も 2. グリーティングカードなども販売

10:30
カルチェ・ラタン
みたいな一画へ

パリの文教地区カルチェ・ラタンを思わせる、アンスティチュ・フランセ東京構内から出発！

① **フランスの本ならここ**
欧明社 リヴ・ゴーシュ店
オウメイシャ リヴ ゴーシュテン

フランス語学校「アンスティチュ・フランセ東京」の構内にある、フランス語書籍専門店。セーヌ河岸にある本屋「シェイクスピア・アンド・カンパニー」をモデルにしたという外観は、パリの趣たっぷり。

Map P.120-B1
🏠 新宿区市ヶ谷船河原町15（アンスティチュ・フランセ東京内） ☎ 03-3267-1280
⏰ 10:30～19:30、土～18:00、日12:00～18:00 休月 JR飯田橋駅西口から徒歩7分

アンスティチュ・フランセ東京 → P.39,112

徒歩10分

11:30
ビストロ料理
でランチ

ランチは、フランス語のおしゃべりが聞こえてくる、気さくなビストロへ。

プロシェットも人気

C'est bon!

なぜ神楽坂は「小フランス」と呼ばれるの?

1952年に東京日仏学院（現アンスティチュ・フランセ東京）が開校、また移転前の東京国際フランス学園もあったことから、フランス人を見かけることが多かったため。

  Bienvenue!   Magnifique!

プチぼうけん 1

神楽坂でなりきりパリジェンヌ

Aux Merveilleux de Fred

On y va!

Etes-vous prêt pour une petite aventure?

パリ店と同じ内装です

② まるでパリのビストロ
LE PARISIEN
ル パリジャン

徒歩6分

フランス語が飛び交う店内は、まるでパリのビストロ。コンフィなどの定番料理のほか、ブロシェット（串焼き）料理がスペシャリテ。おいしいものを囲む幸せあふれる空間だ。

Map P.120-A1

🏠 新宿区岩戸町19 髙野ビル1F ☎03-5579-2866 ⏰11:30〜14:30（L.O.14:00）、17:30〜23:00（L.O.22:30）㊡不定休 🚇地下鉄牛込神楽坂駅A3出口から徒歩1分

ボナペティ！

1. フランスから取り寄せる脂で仕上げた鴨のコンフィ 2. ワインはすべてフランス産 3. オーナーのナビルさん（右から2番目）と皆さん。ランチは1500円〜

12:45
パリっ子のおやつをテイクアウト

パリっ子に愛されている、パリ店と同じレシピのお菓子を購入。

13:15 徒歩3分

フランス人も通う店でチーズを購入

パリジェンヌになりきるなら、毎日の食卓にチーズは欠かせない。

1. クリームを挟んだゴーフル 2. メレンゲ菓子をお持ち帰り

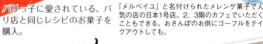

③ ふわふわメレンゲ菓子の店
Aux Merveilleux de Fred
オー メルヴェイユ ドゥ フレッド

DATA ➡ P.42
こちらもチェック ➡ P.73

「メルベイユ」と名付けられたメレンゲ菓子で人気の店の日本1号店。2、3階のカフェでいただくこともできる。おさんぽのお供にゴーフルをテイクアウトしても。

④ 農家製のチーズを味わって
Alpage
アルパージュ

神楽坂在住のフランス人も通うチーズショップ。山のチーズからシェーヴルまでフランスから空輸されたチーズがずらりと並ぶ。

Map P.120-A1

🏠 新宿区神楽坂6-22 ☎03-5225-3315 ⏰日〜木11:30〜18:00、金・土11:30〜19:00 ㊡無休 🚇地下鉄神楽坂駅1a出口から徒歩2分

1. カマンベールチーズ2033円 2. 旬のチーズのほか、チーズに合うジャムなども販売

15

13:45
徒歩6分

フォトジェニックな横丁を探検

表通りから1本それると、路地が入り組む神楽坂。ユニークな名前の横丁に潜む、フレンチの名店を発見！

神楽坂MAPをゲットしよう
神楽坂界隈のショップやレストランのレジ前などに、「神楽坂」と書かれたマップが置かれていることがある。このマップは、神楽坂通り商店街によって編集されたもので、横丁の場所もよくわかる。

Maison de la Bourgogne

横丁さんぽ 見番横丁 Ⓑ／芸者小道 Ⓒ

芸者衆の手配を行う「見番」にちなんだ横丁。その一角にはブルゴーニュ料理の店が。

petits **FRANCE** Kagurazaka

横丁さんぽ **兵庫横丁** Ⓐ

新宿区まちなみ景観賞を受賞した石畳の横丁。「のぼるな、のるな」と書かれた場所もあるので気をつけて。

Comme c'est mignon
Cui Cui

Lugdunum Bouchon Lyonnais →P.54

Sacrée fleur →P.53

Maison de la Bourgogne →P.54

Le Coin Vert →P.59

ガレットを東京に広めました
Le Bretagne 社長ラーシェ・ベルトランさん

C'est bon!

ガレット実演中！

⑤ **本格派ガレットを広めた店**
Le Bretagne
ル ブルターニュ

1,2. 内装もブルターニュ風 3. アーティチョーク、ハムなどが入った「トラディショナル」。お好みのボルディエバター付き 4. シードルとともに

クレープといえば甘いものでしかなかった日本で、ソバ粉を使った本格的なガレットを始めたのがオーナーのラーシェ・ベルトランさん。静かな一角にたたずみ、定番のほか、季節限定のガレットも。

Map P.120-A1

- 新宿区神楽坂4-2
- ☎03-3235-3001
- 11:30〜23:00 (L.O.22:00)、土・日 11:00〜23:00 (L.O.22:00)
- 無休
- 地下鉄牛込神楽坂駅A3出口から徒歩4分

16

おやつの時間です

フランス発のブーランジェリーチェーン「ポール」

1889年、フランス北部の都市リールで創業したベーカリー。フランスでは、誰もが知るパンチェーンで、駅構内や町なかでよく見かける。

徒歩3分

14:45 Faisons une petite pause.

ブーランジェリーカフェ
でひと休み

横丁を歩き回った疲れを癒やすべく、フランス発のベーカリーカフェ「PAUL」でひと休み。

1. フランス人デザイナーが手がけた内装。都内の他店と比べてもフランスらしさ抜群！
2. フルーツタルトと紅茶のセット。ミルフイユやチーズケーキなども楽しめる

⑧ スイーツも楽しめる
PAUL 神楽坂店
ポール カグラザカテン

DATA → P.73
こちらもチェック → P.97

ブティックの奥が広々としたカフェになっている。パン屋のカフェ=ファストフードのイメージを覆す、おしゃれな内装で、パンやヴィエノワズリーはもちろん、フルーツタルトなどとともにティータイムを楽しめる。

東京で最も古いボート場

「CANAL CAFE」は、1918年、東京に初めてできた、歴史あるボート場「東京水上倶楽部」が運営するカフェ。春は桜の名所となる。

徒歩5分

15:30

セーヌ川のおさんぽ気分で
ボート乗船

神楽坂通りを飯田橋駅方面に下っていくと、お堀に出る。セーヌ川遊覧気分でボートに乗船！

⑨ ボート場があるカフェ
CANAL CAFE
カナル カフェ

今も残る江戸城の外堀の水際に設けられたカフェ・レストラン。デッキサイドは、セルフサービスのカフェとなっている。貸しボートも利用でき、のんびり水上さんぽを楽しめる。

Map P.120-B2

🏠 新宿区神楽坂1-9 ☎03-3260-8068 🕐11:30～22:00、日・祝～21:30 図祝を除く第1・3月曜 🚇地下鉄飯田橋駅B2出口から徒歩1分

1. デッキサイドに設けられたカフェスペース
2. 貸しボートは11:30～16:00もしくは日没まで。1～3人乗り40分1000円

16:15 徒歩7分

シャンパーニュでアペロタイム

フランスで夕刻のお楽しみといえば、「アペロ」。ちょっぴり贅沢に、シャンパーニュでアペロを楽しんでみては。

⑩ シャンパーニュを気軽に
numéro cinq
ヌメロ サンク

グラスシャンパーニュが1杯990円からと手頃な値段で楽しめる店。オーナーの手作りだという、シャンパーニュの王冠を埋め込んだ壁面など、こだわりの内装もチェックして。

Map P.120-A1

新宿区津久戸町4-1 ASKビル1F
03-6228-1596　16:00～24:00(L.O.23:00)　年末年始　地下鉄飯田橋駅B4b出口から徒歩4分

1. 店長の住田富紀子さんとシェフの野口剛さん　2. 落ち着いた雰囲気の店内　3. 右は生ハム林檎の一品、左はフロマージュブランにイチゴと蜜煮トマトを添えて

アペロって？
「Apéro」はアペリティフのこと。夕食前に、カクテルバーやカフェで、食前酒をいただきながら会話を楽しむ、大人の習慣だ。

徒歩7分

17:00

フレンチお総菜をお持ち帰り！

1日プランの最後は、フランス人シェフが作るお総菜をテイクアウト。帰宅後もフレンチ気分の余韻に浸ろう。

⑪ フレンチ総菜の専門店
レ・グルモンディーズ

リヨン出身のオーナー、ピーター・パトリアルカさんが、毎日店内で作るフレンチ総菜の店。サラダ、パテからメイン料理までどれもおいしく、通いたくなるほど。

Map P.120-A2

新宿区揚場町1-12 オーララビル1F
03-5228-6728
11:00～21:30、土11:00～20:30　日　地下鉄飯田橋B1出口から徒歩1分

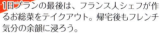

南仏風野菜の煮込み「ラタトゥイユ」
ジャガイモとひき肉の家庭料理「アッシ・パルマンティエ」
すべて手作りです
イベリコ豚チョリソーとオリーブ&チキンのタパスサラダ
枝豆とブロッコリーのオリーブタプナードサラダ
ほうれん草とサーモンのキッシュ
一番人気は、定番のほうれん草とサーモンのキッシュ。ほかに常時数種類並ぶ
シェフのパトリアルカさん

ほかにこんな店も

- ビストロ **Le Clos Montmartre** ル クロ モンマルトル →P.52
- チーズ料理 **Fromatique** フロマティック →P.75
- フランス人パティシエのスイーツ **Le Coin Vert** ル コワン ヴェール →P.59
- 冷凍食品専門店 **Picard 神楽坂店** ピカール カグラザカテン →P.76

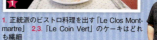

1. 正統派のビストロ料理を出す「Le Clos Montmartre」　2,3.「Le Coin Vert」のケーキはどれも繊細

ル コワン ヴェールにもどうぞ！
シェフのパトリック・ルメルさん

プチぼうけん1 神楽坂でなりきりパリジェンヌ

petite FRANCE Kagurazaka

特別な日のご褒美ディナー！
リュクスなレストランで本格フレンチ

一度は体験してみたい、本格フランス料理のフルコース。
初めてでもとまどわないよう、名レストランでのシミュレーションでしっかり予習！

夢の世界にいるよう

豪華なシャンデリアがきらめき、特別な時間を演出してくれるダイニングルーム

歴史ある名店で美食を堪能

400年以上の歴史をもつ、パリの老舗レストラン「トゥールダルジャン」。本店の伝統やエレガンスを伝承する、唯一の支店である東京店は、本格フレンチデビューの店にふさわしい。一流のサービスを心ゆくまで堪能しよう。

本格フレンチ体験

TOTAL 2時間

- オススメ時間 12:00〜14:00
- 予算 17000円〜

初心者ならランチで
高級レストランでの食事が初めてなら、ランチでまず体験するのがおすすめ。ホテルニューオータニの庭園に面しており、食後は庭園散策も楽しんでみたい。

パリの名店の歴史を継承
Tour d'Argent Tokyo
トゥールダルジャン トウキョウ

1984年開業。名物の鴨料理をはじめとする名店の伝統を受け継ぎながら、日仏の食文化の架け橋としても歩み続けている。

Map P.115-B3 赤坂

🏠 千代田区紀尾井町4-1 ホテルニューオータニ ザ・メイン ロビィ階 ☎ 03-3239-3111 ⏰ ランチ12:00〜13:30、ディナー17:30〜20:30（最終入店時間） 休 月
🚇 地下鉄永田町駅7番出口から徒歩3分

名物「幼鴨のロースト」をいただくと、鴨の通し番号が書かれた「鴨の記念カード」が渡される。東京店では、昭和天皇がパリで召し上がった鴨の番号（53211）の次の番号から1枚目のカードに。以後、ずっと通しでふられている。

M.O.F.（フランス国家最優秀職人章）の称号をいただきました

「Tour d'Argent Tokyo」のシェフ、ルノー・オージエさん

History

パリ本店のダイニングルーム

国王アンリ3世も訪れたセーヌ河岸の名店

創業1582年。現在と同じセーヌ河岸にあった1軒の旅籠が店のルーツ。「銀の塔」を意味する店名は、そこから見えていたトゥールネル城の塔が由来となった。歴史を経てパリを代表する一流店のひとつとなり、各国のセレブリティを迎えている。

エレガントなお作法を シミュレーション

せっかくのガストロノミーレストラン。基本的なマナーを覚えておけば、リラックスして美食を楽しめるはず。

1 レストランに入店

一流レストランは、エントランスから違った時間が流れている。予約した名前を伝え、雰囲気を味わいながら、店に入ろう。

ブルボン王朝を象徴する濃紺に彩られたエントランスに導かれて奥へ

Tips 席は案内されるまで待ち、勝手に入っていかないこと。

わくわく

2 メニューを選ぶ

コースメニューと、好きなものを自由に選べるア・ラ・カルト（一品料理）がある。ランチメニューは価格が低く抑えられ、クオリティの高さからするとかなりお得。

Tips とても長い名前がついた料理が多い。調理法など、フランス語をそのまま使っていることも。内容がわからなければ、遠慮せずに聞こう。

鴨の記念カードがもらえるスペシャリテ「幼鴨のロースト マルコポーロ」。じっくりローストした鴨を4種の胡椒を使ったソースとともに

フォアグラに関する逸話から生まれた「トゥールダルジャン特製フォアグラ三皇帝風」

3 ワインを選ぶ

ワインリストは、食事のメニューとは別に、ソムリエが持ってくる。選ぶのが難しいときは、予算や好み（軽いか重いかなど）を伝えて、料理に合うものを選んでもらおう。

おまかせください

約1000種の銘醸フランスワインを揃えるカーヴから1本を

Tips 食事中、頃合いを見計らってワインを注ぐのはサービス係の仕事。自分で注がないこと。

4 お食事タイム

大きな声で笑ったり、しゃべったりするのは慎みたい。また、シャッター音のする写真撮影は、周囲の迷惑になるのでやめよう。

美食に乾杯！

Tips ナプキンは、手前を少し折り込んでひざの上に。落としてしまった場合は、自分で拾わず、係の人にお願いをする。

5 食事のあとは食後酒でゆったりと

デザートとコーヒーが終わったら、バーに場所を移して、食後酒を楽しむのもいい。

内装もすてき

満たされました〜

プチぼうけん 2

リラックスなレストランで本格フレンチ

21

プチ
ぼうけん
3

19世紀のパリにタイムトリップ!?
優美な自然の恵みをお持ち帰り

19世紀にパリで生まれ、香水とスキンケア製品で人気を博した店が現代に復活。
自然由来の厳選素材と美しいパッケージデザインで、ファン増加中!

パリの香りが
漂ってそう♥

19世紀の薬局のイメージを踏襲したカウンター

ビュリー日本1号店へ

オススメ時間 11:00～12:00
予算 5000円～
TOTAL 1時間

雰囲気も楽しんで
OFFICINE UNIVERSELLE BULYは、店舗ごとにインテリアデザインが異なる。デザインは違っても、同じブランドコンセプトが貫かれ、どの店もとびきりおしゃれなので、店舗めぐりをしてみても。

パリの美意識が
詰まった店でお買い物

店に入ると、まず斬新なインテリアに驚くはず。ディスプレイや器具など、隅々までブランドの美意識が貫かれ、誰もがその世界に誘われていく。

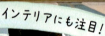
インテリアにも注目!

1. 19世紀のフランス(右)と東京の未来的(左)なイメージを合体させた内装
2. 植物見本を思わせる小窓の装飾

3. 床の素焼きタイルはイタリアで作られた特注品 4. アンティークのくちばしの水道蛇口

レトロなデザインも魅力的
OFFICINE UNIVERSELLE BULY 代官山本店
オフィシーヌ ユニヴェルセル ビュリー ダイカンヤマホンテン

1803年創業の総合美容専門店を復刻させた、パリ発自然派美容ブランドの日本第1号店。植物由来の水性香水、スキンケア用品など肌に優しい製品が揃う。

Map P.119-B2
代官山

渋谷区恵比寿西1-25-
03-6712-7694
11:00～20:00 末年始
東急東横線代官山駅東口から徒歩3分

22

ラベルと刻印のサービスをチェック！

イニシャルの刻印やオリジナルラベルの作成サービスを利用すれば、特別感のあるプレゼントや、思い入れのある愛用品になるはず！

石鹸のラベルは25種類から選べる

プチぼうけん 3

優美な自然の恵みをお持ち帰り

1 石鹸、櫛、リップバームにイニシャルの刻印

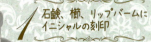

自分や贈りたい人のイニシャルを刻印してカスタマイズできる

2 カリグラフィーのオリジナルラベルを作成

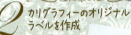

購入した製品には、名前やメッセージなど、カリグラフィーラベルを作成してもらえる

1. スタッフは全員カリグラフィーを習得している 2. カリグラフィーは、商品購入後、その場で書いてもらえる

ここに刻印！

入れたい文字とフォントを選んでオーダーする。サヴォン・スゥペールファン4730円＋刻印料金660円

ここに刻印！

リップバームはケースに刻印ができる。イニシャルは3文字まで。刻印込みで5060円

イニシャルの刻印に使われる5種類のフォントは、19～20世紀のスタイルをモチーフに、歴史的資料を参考にしてリデザインされたもの。贈り物には、イニシャルが入ったオリジナルのギフトラッピングも

香水の香りを試すときはガラスの調香器で

レザーペーパーの色も選べます

ほかにもこんな商品がオススメ！

総合美容専門店であるOFFICINE UNIVERSELLE BULYでは、ほかに自然派化粧品、ボディケア用品、香水、ホームフレグランスなど、さまざまな商品を扱っている。なかでもチェックしたいのはこちら。

ストーンを使うフレグランス「アラバストル」8800円

プチギフトに人気の携帯用紙石鹸「フゥユ・ドゥ・サヴォン」40枚入り1100円

水性香水「オー・トリプル」(左)1万9250円、6種の香りがあるボディオイル「ユイル・アンティーク」6270円

肌のキメを整える「ホワイトリリー浸漬液オイル」。「聖母の百合」と呼ばれるマドンナリリーを使用。7040円

ハンド＆フットクリーム「ポマード・コンクレット」5170円、チューブを立てて飾れるロビネ・キャップ1100円

フレグランスキャンドル「ブジー・パルフュメ」。大理石を使った台はひとつとして同じ模様はないそう。1万8700円、フレグランスマッチ2750円

23

プチぼうけん 4

フランスの食のプロ、並木麻輝子さんと東京のフレンチグルメを満喫する1日

世界に名だたる美食都市東京には、フランス発のおいしいものがいっぱい。自他ともに認める「グルマン（食いしん坊）」並木麻輝子さんと一緒に、食べ歩きの旅に出発！

並木麻輝子さん
料理ジャーナリスト、フランス郷土料理研究科家。300名を超える食愛好家の集まり「並木組」組長。「実食」をモットーに、世界を股にかけた取材力で、シェフたちからの信頼も篤い。

青山〜広尾のおいしいものめぐり
TOTAL 11時間
オススメ時間 9:00〜20:00
予算 1万5000〜2万円

好みに合わせてアレンジプラン
フランス料理、スイーツ、パンなど、おいしい店が星の数ほどある東京。1日で効率よく回るために、地域やテーマを限定して回るのがおすすめ。

おいしい旅に出かけましょう！

朝食もおやつもまるごとフレンチ

充実の朝食に始まり、おやつや買いものまで盛りだくさん。エリアを限定し、11時間で10店舗をめぐるプランです。

10:15 「渋谷スクランブルスクエア」で限定スイーツやパンをゲット

いっぱい買いましたー！

地上47階建て、渋谷きっての高層複合施設。フランス発スイーツの名店も入っており、ここでしか買えない限定スイーツは要チェック！

DATA → P.103

ÉCHIRÉ PÂTISSERIE AU BEURREの「カヌレ・エシレ」

START! 9:00 「VIRON渋谷店」で朝食

レトロドールの粉を使ったバゲットが付く朝食でスタート。ヴィエノワズリーは好みのもの2種をチョイス。ほかにパン1種と飲み物付き。1650円

どれを選ぶか迷う〜

ひとことコメント
ジャムやスプレッドが8種類も付いてきます。VIRONご自慢のバゲットに塗れば、フランスの朝食の定番「タルティーヌ」に。朝から気分が高まりますよ。

こだわりのバゲット付き朝食をVIRON渋谷店で
ヴィロン シブヤテン
1階の売り場には多彩なパンと並び、ジャム類やフランス各地の郷土菓子も揃う。

Map P.119-A1 渋谷
🏠 渋谷区宇田川町33-8 塚田ビル1・2F ☎03-5458-1776（ブラッスリー）⏰9:00〜23:00（朝食〜11:00）🚫無休 🚇地下鉄渋谷駅A2出口から徒歩3分

徒歩10分

THIERRY MARX LA BOULANGERIEの「ブリオッシュ・フィユテ」

ひとことコメント
ÉCHIRÉ PÂTISSERIE AU BEURREではフィナンシェやサブレ サンドもおすすめ。THIERRY MARX LA BOULANGERIEでは、ブリオッシュ・メロンも◎。

DATA → P.72

11:00 「OLIVIERS & CO」でオリーブオイル選び

フランスで出合って以来愛用している、エクス・アン・プロヴァンスのシャトーヴィラン製オリーブオイルを買いにOLIVIERS&CO恵比寿店へ。

ひとことコメント
南仏シャトーヴィラン製のオリーブオイルは、前菜、ソース、肉や魚料理まで使うものを選びません。レモン、バジルなどの風味付きオイルもおすすめです。

DATA → P.90

シャトーヴィランのオリーブオイル 500ml 6264円

オリーブ＆フレッシュレモンのオイル 250ml 3024円

地下鉄+徒歩25分

プチぼうけん

12:00 「Le Pommier」でスイーツを買う

フレデリック・マドレーヌさんのパティスリーへ。2階のカフェでは食事や飲み物、1階で販売しているケーキも楽しめます。

並木麻輝子さんとフレンチグルメを満喫

みずみずしい青リンゴのケーキ「ポミエ」

ひとことコメント
「ポミエ」などシェフ考案の逸品と並び、定番菓子や地方の焼き菓子が揃っているのも魅力。レストラン・ピラミッド発祥の「マルジョレーヌ」があるのもうれしいですね。

1. カフェではスムージーも提供 2. リンゴ形のチョコレート「ポムダムール」 3. カマンベール風味のガナッシュをベースにした「カマンベール・オ・ショコラ」

伝統のお菓子にも会える
Le Pommier ル ポミエ
マドレーヌさんはノルマンディー出身のベテランパティシエ。フランスから勲章も複数受けている。

Map P.121-B2 麻布十番
🏠 港区麻布十番3-9-2 ☎03-6435-0104 ⏰11:00〜20:00 無休 地下鉄麻布十番駅1番出口から徒歩6分

JR+徒歩10分　地下鉄+徒歩20分

13:00 「La maison JOUVAUD」でランチ

キッシュの具は季節ごとに変わります

ラタトゥイユが添えられるキッシュランチで南仏気分。旬の素材とサクサクの生地、トロリと滑らかな卵フィリングも魅力です。

ひとことコメント
おみやげならプロヴァンス名物のフルーティなマジパン菓子「カリソン」、大きな焼きメレンゲ「ロカイユ」もおすすめです。

フランス式の大きめカットがうれしいキッシュ。スープやサラダも付く

フランスの味〜

プロヴァンスのお菓子も買える
La maison JOUVAUD ラ メゾン ジュヴォー
プロヴァンスに本店を構える人気店。「カリソン」などおみやげ菓子も充実。

Map P.121-B1 広尾
🏠 港区南麻布5-10-24 ☎03-3445-1022 店舗に要問い合わせ 年始 地下鉄広尾駅3番出口から徒歩1分

おみやげ買いました！

ガレット → P.50

アレンジプラン ランチ編
軽く済ませたいときは、ガレット（塩味のクレープ）がおすすめ。東京にはおいしいクレープリーがいくつもある。

25

14:15 「Fermier 愛宕店」でチーズをゲット

徒歩5分

食べごろのチーズを求めて「Fermier 愛宕店」へ。こちらは日本にチーズ文化を根付かせた名店。ヨーロッパ、特にフランスチーズの品揃えは圧巻です。

ひとことコメント
おなじみのカマンベールやコンテから、珍しいコルシカ島のチーズまで幅広い品揃え。食材や器具も充実。我が家のラクレットマシンはここで購入しました。

店での人気は①コンテ、②ブリ・ド・モー、③フルムダンベール（ブルーチーズ）

DATA → P.75

15:30 「PASCAL LE GAC」でおやつタイム

徒歩5分

お楽しみのおやつは、麗しい「パルフェフルーリー・フレーズ」を。夜食用には、気軽に楽しめる「パスカルトレジュー」のミニタブレット6種類入りを購入。

シーズンごとに食べてほしい！

ひとことコメント
イチゴをふんだんに並べた春味のイチゴの逸品。あとを引くライム風＆エルダーフラワーのソルベ、レモンキュンとした酸味も印象的。

内容は季節によって変わる。ドリンク付き3300円。要予約

1. イチゴ味のチョコ、ソルベ、2種類のイチゴ、ココナッツのメレンゲなど10の要素の組み合わせ
2. 普段用の板チョコも提案

ケーキ版もあります

パルフェをもとに仕立てた「フルーリーショコラ」と「フルーリーフレーズ」。935円〜

DATA → P.67

地下鉄+徒歩15分

17:00 「PIERRE HERMÉ PARIS Aoyama」でスイーツを購入

スイーツって映えるわ〜

撮影：三嶋義秀

パリスイーツの名店、「PIERRE HERMÉ PARIS Aoyama」で代表的なスイーツをショッピング。時間があれば、ぜひ2階のHeavenでアシェットデセールを。

こちらもチェック → P.62　　DATA → P.60

惜しげもなくバニラを使った「タルト アンフィニマン ヴァニーユ」。864円

「イスパハン」。バラとライチ、フランボワーズのマリアージュ。972円

涼しげなグラスデザート仕立てのエモーションイスパハン（期間限定）」。864円

ひとことコメント
「イスパハン」と並び、「タルトアンフィニマン ヴァニーユ」も代表作のひとつ。ガナッシュ、マスカルポーネクリームともに芳醇なバニラが香る、エレガントなタルトです。

26

17:30 「JEAN-CHARLES ROCHOUX」でチョコを購入

パリ発の名ショコラトリー日本1号店へ。土曜日ならオリジナルのフルーツタブレットを。極薄チョコ「1492」、ナッツの食感が隠れるオランジェットも美味。

ひとことコメント
ロシューさん考案のフルーツタブレットは、東京店でも大人気。口に含んだ瞬間、ビターなチョコの中からジューシーな果実のうま味が広がります。

DATA → P.67

パッケージや内装に高級感のあるクロコダイル柄が使われている

賞味期限は当日限り。3564円

並木麻輝子さんとフレンチグルメを満喫

徒歩5分

GOAL! 18:00 「Lauburu」でディナー

至福の豚肉料理に出合えます

本格派のバスク料理
Lauburu ローブリュー

バスク料理をベースに、骨付きロースの炭火焼きなど、骨太のフレンチを提供する。

Map P.119-A2 表参道
港区南青山6-8-18　03-3498-1314　18:00～21:30(L.O.)
休日　地下鉄表参道駅B1出口から徒歩10分

オーナーシェフ櫻井信一郎さん手作りの生ハム

バスク十字を意味する店名など、バスクへの思いがあふれる店。絶品の生ハムとバスク料理で、1日の最後を締めくくりましょう。

バスク料理「ピペラード」

「極上の食堂」を目指します

ひとことコメント
ここの「ピペラード」は、ピーマンのトマト煮と揚げ卵、そして自家製ヴァントレッシュ(豚バラの塩漬けに唐辛子やハーブをすり込んで巻き、熟成させたもの)が絶妙!

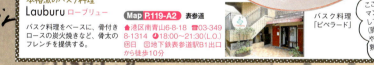

がっつりお肉を食べたいときは

パリの名店「ル・セヴェロ」で肉料理を極めた齊田武シェフが腕を振るう「Cellar Fête」がおすすめ。自社輸入のフランス牛のステーキや絶品のタルタルステーキはぜひ味わって。

自然派ワインと肉料理
Cellar Fête セラ フェ

Map P.121-C2
目黒
目黒区下目黒1-3-4 ベルグリーン目黒BF
03-6420-0270　12:00～14:00(L.O.13:00)、18:00～23:00(L.O.22:00)　休月曜不定休、日・祝　JR目黒駅西口出口から徒歩4分

胃も心(♡)も満たされます

アレンジプラン ディナー編

地方料理を食べるなら?

フランスグルメの底力は郷土料理にあり。伝統の味をぜひ試してみて。

フランスの郷土料理 → P.54

Gentil

Lugdunum Bouchon Lyonnais

Saint-Jean-Pied-de-Port

27

プチ
ぼうけん 5

「いつ行ってきたの？」と聞かれそう！
フレンチスポット撮影テクを伝授

東京でパリやフランスを感じさせる場所を発見！
雰囲気のある写真を撮って、
旅気分をシェアしちゃおう。

je veux te voir

Nous Sommes Copain !

LE TOKYO FRENCH BAKERY ESPRIT

エッフェル塔のイラストが描かれた外壁の前が人気撮影スポットに。買ったばかりのバゲットと撮るのがお約束。天気がよすぎると影が写るので注意しよう。

Map P.120-C1　田園調布　→ P.69

**フランスを感じる
フォトスポットへ**

東京の町を歩いていると、フランスの雰囲気が漂う場所に遭遇！ ところが、撮った写真を見たら今ひとつということも。ちょっとしたテクニックを使って、フランス感のあるきれいな写真を撮ってみよう。

きれいに撮れた！

フレンチな写真撮影

TOTAL
1時間

 オススメ時間　場所による
  予算　場所による

● 撮影マナーを守って
ショップの内部で撮るときは、店の人にひと言断ってから。撮影に夢中になって、通行の邪魔にならないように。また、人物を無断で撮影したり、顔がわかる写真をSNSにアップしたりすることは控えよう。

フレンチな写真を撮るための撮影ルール 3

1 自撮りをするなら、服装もフレンチスタイルで
ボーダーの袖が入り込むだけで、フレンチカジュアルっぽい雰囲気に。

2 石畳の道を入れる
石畳の歩道が入るとパリっぽいイメージに。

3 フレンチなものを取り入れる
トリコロールやフランス語の表示や新聞などを取り込むとフレンチな雰囲気UP！

28

Exterieur 屋外で撮影

美しい洋館の壁や庭園を背景に、フランスの町角をさんぽしている気分にさせてくれるのはこんな場所。

プチぼうけん⑤ フレンチスポット撮影テクを伝授

画像提供：公益財団法人東京都公園協会

旧古河庭園

幾何学的な形が特徴の洋風庭園は春と秋のバラの季節に訪れるのがおすすめ。旧古河庭園は高低差があるので、庭の形がきれいに見えるポイントを探そう。

Map P.115-A3　駒込　→P.108

Au Temps Jadis

渋谷のクレープリー。見事なレンガ造りの館は、古い洋館を改装したのではなく、ゼロから始めて完成させたのだそう。一部だけ切り取って撮ると、ヨーロッパの町角感たっぷり。

Map P.119-A1　渋谷　→P.51

配置に気を配るのがポイント

galerie doux dimanche

雑貨やアンティークを扱う店は、看板や外壁など、外から見える場所にもフランスらしさを感じさせるこだわりが。木漏れ日を受けて印象派の絵のように輝く一瞬を逃さずに。

Map P.118-B2　表参道　→P.80

夜景もすてきです

ガストロノミー ジョエル・ロブション

フレンチの巨匠のエスプリを受け継ぐガストロノミーレストラン。フランスの古城をイメージした館は、正面から引きで撮ると奥行きのある写真に。恵比寿ガーデンプレイスは、クリスマス時期にはバカラのシャンデリアが設置されるなど、おすすめの場所。

Map P.119-C2　恵比寿

🏠目黒区三田1-13-1恵比寿ガーデンプレイス内　☎03-5424-1338、03-5424-1347　🕐11:30〜13:00(L.O.土・日・祝のみ)、17:00〜22:00(L.O.20:00)、土・日・祝17:30〜　🈚無休　🚋JR恵比寿駅東口から徒歩5分

光の加減でまた違った雰囲気に

アテネ・フランセ

歴史あるフランス語語学学校。正面に、アルファベットが刻まれたピンクの壁があり、人気の撮影スポットとなっている。壁を大きく撮るためには、道路の反対側から撮る必要があり、防護柵が写るのが難点。壁をどこまで入れるかで印象が変わるので、いろんな角度で試してみよう。

Map P.115-B3　御茶ノ水

🏠千代田区神田駿河台2-11
🚋JR水道橋東口から徒歩5分

Intérieur & gourmet
インテリア&グルメ

クレープリーやフレンチレストラン、そしてスイーツの店。壁紙や小物を入れて、フランスらしさをアップ。

BREIZH Café CRÊPERIE

ソバ粉を使った本格的なガレットを出すクレープリー。ガレットの故郷、ブルターニュ地方をイメージさせる小物がいっぱい。ブルターニュのクレープリーにいるような感覚に。

Map P.118-B2　表参道　→ P.50

邸宅に招かれた気分

La Fée Délice

オーナーがフランスで集めたアンティークいっぱいの店内には、かわいいがあふれる（配置はその時のお楽しみ）！ 壁紙やタイルにこだわる店も多いので、背景の美しい写真が撮れる。

Map P.118-B1　原宿　→ P.50

Lugdunum Bouchon Lyonnais

リヨン料理のレストランでは、名物の赤いプラリネが色のアクセントに。高低差のあるものを同時に撮るときは、左右に並べず、前後に配置しよう。

Map P.120-A1　神楽坂　→ P.54

Les Abeilles Minamiaoyama

フランス製の木製の棚に並ぶハチミツは、真正面から撮ると趣のある写真に。木枠の温もりが感じられる写真が撮れたら大成功。カフェの席の正面にあるので、利用する際にひとこと断ってから。

Map P.118-B2　表参道　→ P.91

Numéro 5 Paris

アトリエを併設したスイーツの店。作業しているシェフの姿を見ることができる。ガラスは、正面から撮ると自分が写り込んでしまうので、斜めから撮影してみて。

Map P.120-C2　緑が丘　→ P.58

Pâtisserie PAROLA

ガラス張りになった店の外からはシェフの姿も見えて、日本にいることを忘れそう。目の前で仕上げてくれるデザートコースの後に、ひとこと断って撮ってもらおう。

Map P.117-B1　日比谷　→ P.59

Le Bretagne

料理を撮るとき、食事の楽しさや人のいる雰囲気が感じられるよう、手元を入れるのも撮影テクのひとつ。ガレットは比較的撮影しやすいので挑戦してみよう。

Map P.120-A1　神楽坂　→ P.16

真上から撮るのもおすすめ

フレンチスポット撮影テクを伝授

プチぼうけん 5

Je t'adore

#パリのワイン食堂

トリコロールが入っているだけで、フランス色の空間に。ポスターと一緒に撮ることで、ポップな印象に。左は発泡性ミネラルウオーターPerrierゆりのレトロポスター。

ポスターもおしゃれなフランス

Map P.117-B2　銀座　→P.53

Café Kitsuné

別売りのキツネのサブレを飲み物に添えるだけで、フォトジェニック。冷たい飲み物の場合は、フタをしてストローを支えにするとキツネがきれいに立ってくれる。

Map P.118-C2　表参道　→P.104

#ドゥ マゴ パリ

パリでのプロジェクトがきっかけとなり、クマさんたちがカフェに滞在中。外にはテラス席もあり、パリらしい雰囲気のある写真が撮れる。クマさんたちとアフタヌーンティーを楽しめるプランも。

Map P.119-A1　渋谷　→P.46

フランスの聖地「ルルドの泉」が東京にも！

奇跡の地として、世界中から巡礼者が集まるフランス南西部の町ルルド。病を癒やすという奇跡の泉が、東京で再現されている。

こちらがフランスの「ルルドの泉」

1858年、ポー川のほとりで薪拾いをしていた14歳の貧しい娘ベルナデット・スビルーの前に、聖母マリアが現れ、泉を掘るように告げた。近くの地面を掘ると泉が湧き、その水で病気が治癒する奇跡が何度も起きたことから、ルルドは多くの巡礼者が訪れる聖地となった。東京カテドラル聖マリア大聖堂の敷地内にある「ルルドの泉」は、1911年、フランス人宣教師ドマンジエル神父によって、奇跡の水が湧く「マサビエルの洞窟」と同じ大きさで再現されたもの。

奇跡の泉が湧く洞窟を模し、祈りの場を設けた東京版「ルルドの泉」

東京カテドラル聖マリア大聖堂

東京教区の司教座聖堂。創建時の聖堂は第2次世界大戦時の空襲によって焼失。丹下健三の設計により、1964年、斬新なデザインの聖堂が蘇った。

Map P.115-B3　目白

📍文京区関口3-16-15　☎03-3941-3029
🚇地下鉄江戸川橋駅1a、1b出口から徒歩15分

1. 厳かな空気に包まれた聖堂内　2. ステンレス張り、十字架の形に設計されている　3. フランスから運ばれた鐘も

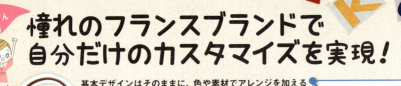

プチぼうけん 6

憧れのフランスブランドで自分だけのカスタマイズを実現！

基本デザインはそのままに、色や素材でアレンジを加えるパーソナライズ＆カスタマイズ。好きな組み合わせを選んで、オンリーワンのバッグやコスメを完成させよう。

自分好みにカスタマイズ

TOTAL 1時間
オススメ時間 11:00〜20:00
予算 3万4100円〜

待つ時間も楽しみ
例えばLongchamp La Maison表参道の場合、商品はフランスで仕上げられるため、2〜3ヵ月ほどかかる。楽しみに待ちたい。

プリントは3文字まで

キャンバス地の「シグネチャー」

迷ったら相談ね

こちらの色の組み合わせがお似合いです

「ル プリアージュ®」とは
日本の「折り紙」をヒントに、折り畳める軽量バッグとして開発されたのが、ロンシャンの「ル プリアージュ®」。

色や素材を選んで自分好みに

アイコンバッグ「ル プリアージュ®」のパーソナライズを行っている「ロンシャン」で、実際に体験してみよう。

店舗でオーダーするメリットは？
カスタマイズサービスはオンラインでも行われているが、実店舗ではアドバイスをもらえるのが利点。いくつか候補を選んでおいて、どれが似合うか聞けるのもメリット。

ナイロン地の「マイ プリアージュ® クラブ」

愛される定番

定番バッグをパーソナライズ

バッグをパーソナライズできる「マイ プリアージュ®」が人気

Longchamp La Maison表参道
ロンシャン ラ メゾン オモテサンドウ

パーソナライズコーナーがあるのは2階。リサイクル素材のキャンバス地「シグネチャー」か定番のナイロン地「クラブ」で、パーツの色やバッグに入れる文字の内容と色を選べる。

Map P.118-B1　表参道
🏠 渋谷区神宮前4-30-4
🕐 11:00〜20:00　年末年始　地下鉄明治神宮前駅5番出口から徒歩1分
☎ 03-3405-5100

パーソナライズできるのはこの部分！

モデル 4型
金具／スナップボタン 3色
ハンドル／フラップ 3色
金具／スナップボタン 3色
ボディ 16色

刻印（フラップ）4色
アルファベット数字、一部記号
折り畳めるナイロンバッグ「クラブ」では文字かモチーフの刺繍を選べる
文字（メイン／影）各16色

「クラブ」ではスナップボタンの色を12色のなかから選べる

「クラブ」ではエッフェル塔など刺繍を選べる

生地の色は、自分に似合うかどうかも確認して

L/UNIFORM

プチぼうけん 6

自分だけのカスタマイズを実現！

イニシャルをバッグにスタンプ

好みの色でカスタマイズ
①文字・数字（1〜3文字）と色を選ぶ
②ベース生地とパイピングの組み合わせを選ぶ

カスタマイズオーダーは、フランス南西部、カルカッソンヌのアトリエに送られ、職人によって仕上げられる

好きな文字や色を選んでください

スタンプ終了！

その場で完成！
スタンピングサービス

マルシェバッグなどパリっぽい商品も扱う

イニシャルのスタンピングが人気
L/UNIFORM TOKYO
リュニフォーム トウキョウ

おしゃれカジュアルなキャンバスバッグで知られるパリのブランド。素材とイニシャルを選ぶカスタマイズオーダーのほかに、その場でイニシャルをスタンプしてくれるサービスがある。

Map P.117-A1 丸の内
千代田区丸の内3-1-1 ☎03-6812-2930 ⏰11:00〜20:00 年末年始 JR有楽町駅国際フォーラム口から徒歩3分

1. スタンピングは店員がその場で行う
2. 同じ高さで揃うよう細心の注意を
3. 3文字まで無料。4〜6文字は追加3000円
4. このマシンを使います

まっすぐ貼ります

愛着がわきそう

贈り物にも
リップケースに刻印できる

1. 売り場で刻印してもらえる
2. レフィルを取り替えれば、ずっと使える

ケースも選べます

コンセプトで共感を呼ぶパリ発ブランド
La Bouche Rouge
ラ ブーシュ ルージュ

ピュアでサステナブルなビューティをコンセプトに、プラスティック、防腐剤や動物性油脂を一切使わないコスメを販売。なかでもリップスティックはレフィルとケースを合わせるシステムで、レザーケースにイニシャルの刻印が可能だ（880円）。

Map P.114-B2 新宿
新宿区新宿3-14-1 伊勢丹新宿店本館1階 ☎03-6380-6776 ⏰10:00〜20:00 無休 JR新宿駅東口から徒歩5分

プチぼうけん 7

ロマンティックな世界にうっとり
名建築を彩るフランスの美を訪ねて

明治期、近代国家を目指した日本が、お手本のひとつとしたのがフランスの建築様式やインテリアデザイン。今も残る名建築を訪ねて、時代を超えて観る人を魅了する、フランスの美の世界に浸ってみよう。

フランスを感じる場所はここ！

フランスの建築様式を取り入れたり、フランス人が設計したり。東京でフランスを感じる5つの名建築をご紹介。

ヴェルサイユ宮殿を思わせる
迎賓館赤坂離宮
ゲイヒンカンアカサカリキュウ

見学時間の目安 1時間

明治42年に東宮御所として建設。洋風の建築物だが、細部に日本のテイストが組み込まれているのが特徴。各国からの賓客を迎えるにふさわしい豪華な内装や装飾は必見。

Map P.115-B3 赤坂

🏠 港区元赤坂2-1-1　📞 03-5728-7788
🕐 10:00〜17:00（本館の最終受付16:00）※館内撮影不可　休 原則水曜
💴 1500円　🚉 JR四ツ谷駅赤坂口より徒歩7分

主庭から眺める本館はまるでヴェルサイユ宮殿のよう

首脳会談などが行われる朝日の間

ここをチェック！
白馬の手綱を持ち、天空を駆けるのは、暁の女神オーロラ

フランスのお城みたいに豪華！

天井の絵画は必見
朝日の間

迎賓館で最も格式の高い部屋。フランス人画家によって描かれた朝日を背にした女神オーロラの天井画が室名の由来。100年以上前にフランスで描かれたもので、約50年ぶりに修復され、2019年から再公開されている

アフタヌーンティーも楽しんで

見学後は前庭に設置されたキッチンカーで提供される軽食やアフタヌーンティー（1日限定20食）も楽しめる。壮麗な外観を眺めながらひと息ついて。

34　画像提供・出典：内閣府迎賓館ウェブサイト

フランスの建築美めぐり

オススメ時間 10:00〜16:00

予算 400〜1500円

TOTAL 各1時間

- 専門家のレクチャーが行われることも
施設のなかには、音声ガイドが用意され、部屋ごとに歴史や見どころを解説してくれたり、内装や建築様式についてレクチャーが行われる所もある。

フランスの様式を取り入れた宮殿
ヴェルサイユ宮殿やルーヴル宮殿などを参考に、日本で唯一のネオバロック様式の宮殿建築物。室内にもさまざまなフランスの様式が取り入れられている。当時の日本の建築や美術の総力を結集した建築物で、明治文化の象徴とも言われる。

こんなところにもフランスが！
本館1階の床にある大理石のモザイクも見逃さないで。パリのオペラ座のモザイクを手がけたモザイク作家、ジャン・ドメニコ・ファッキーナの指導によって造られた。

プチぼうけん

名建築を彩るフランスの美を訪ねて

床にも注目！

謡曲「羽衣」の一節の景趣をモチーフにしている天井画

華やかなダンスホール
羽衣の間
フランス18世紀末様式が採用され、かつては舞踏室と呼ばれた。室名の由来となった天井画はフランス人画家によるもの。7000のパーツをもつバカラ社製シャンデリアも必見。

迎賓館のなかで一番大きな部屋のひとつ

シンメトリーになったアンピール様式の家具

金箔が美しい
彩鸞の間
19世紀前半のフランスで流行った「アンピール様式」で装飾された部屋。名前の由来は、架空の鳥「鸞（らん）」の彫刻が飾られていることから。

ここをチェック！
板壁には30枚の七宝焼が飾られ、日本画の技法を生かした最高傑作と言われている

重厚なたたずまい
花鳥の間
「饗宴の間」とも呼ばれた晩餐会などに用いられる部屋。アンリ2世様式を採用し、大食器棚はフランス製。花や鳥を題材とした天井画や七宝焼が名の由来。

ここをチェック！
より広さと奥行きのある空間に見えるよう、壁には10枚の大鏡が張られている

アンピール様式の特徴である、赤の地に銀糸で鸞などの刺繍が施されている椅子

シャンデリアにはスピーカーが組み込まれている
天井の油彩画はフランス人画家が手がけた

35

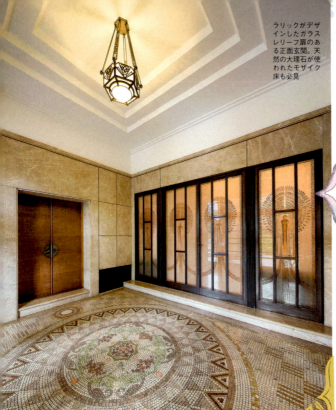

ラリックがデザインしたガラスレリーフ扉のある正面玄関。天然の大理石が使われたモザイク床も必見

夜景もきれい

アールデコの美の宝庫
東京都庭園美術館
トウキョウテイエンビジュツカン

見学時間の目安 1時間

朝香宮邸として建設されたアールデコ様式の建物。アンリ・ラパンらフランス人美術家が装飾を担当。現在はその美しい空間を活かした美術館となっている。

Map P.121-C2 白金台

港区白金台5-21-9　050-5541-8600　10:00〜18:00 展示替期間中は庭園のみ公開　休館日：月　展覧会によって異なる。庭園200円　地下鉄白金台駅1番出口から徒歩6分

庭園を望む円形の張り出し窓が開放的な大食堂

アールデコに彩られた大客室。おもなモチーフとして花が使われている

照明は部屋ごとに異なるデザインを楽しめる

装飾のディテールをチェック！

アールデコの装飾美を堪能しよう！

マックス・アングランによるエッチングガラスがはめ込まれた大客室の扉。幾何学的に花がデザインされている。軽快なデザインのタンパンはレイモン・シュブによる

シャンパンがモチーフとなったエッチングガラスがはめ込まれた大食堂の扉もマックス・アングラン作

アンリ・ラパンが内装をデザインした大客室。天井にも漆喰や石膏によって模様が描かれている

朝香宮ご夫妻の思いが詰まった館

朝香宮ご夫妻はパリ滞在中にアールデコと出合い、自邸の建設の際、アールデコの採用を強く希望された。夫妻は積極的に意見を述べ、自身で暖房器用のカバーをデザインするなど、夫妻の思いが各所にちりばめられている。

画像提供：東京都庭園美術館

どれがお好き？ 照明コレクション

さまざまなデザインに出合える照明に注目！

プチぼうけん 名建築を彩るフランスの美を訪ねて

幾何学的に花をデザインしたルネ・ラリックによるシャンデリア「ブカレスト」

大食堂のシャンデリア「パイナップルとザクロ」もルネ・ラリックが手がけた

若宮居間のステンドグラスの照明。シンプルな部屋のアクセントになっている

妃殿下居間の照明。5つの球体を合わせた柔らかい雰囲気

カラフルなこんぺいとうのようなかわいい第二階段踊り場の照明

「アールデコ」って何？
20世紀初頭、アールヌーヴォーに続き、フランスを中心に流行した芸術様式。幾何学的な形を基本としたものが多いが、そのスタイルはさまざま。

重厚な雰囲気の大広間。天井には40個もの照明が並んでいる

ジグザグの手すりが特徴的な第一階段。3種類の大理石が使われている

白磁の香水塔が置かれた次室（つぎのま）。モザイクの床、朱色の壁、白漆喰の天井など、調和のとれた色彩にも注目

ここをチェック！ アンリ・ラパンがデザインしたセーヴル製の香水塔。照明の熱で香りを漂わせていた

37

自然光の降りそそぐ「19世紀ホール」は建物の中心に位置している

本館は日本で唯一のル・コルビュジエによる作品。正面から見ると柱で支えられたピロティの造りがよくわかる

見学時間の目安 1時間

ル・コルビュジエの作品のひとつ
国立西洋美術館
コクリツセイヨウビジュツカン

第2次世界大戦後フランスから寄贈返還された松方コレクションを収蔵・展示するために設立された美術館。ル・コルビュジエの設計による本館は世界遺産に登録されている。

Map P.115-B3 上野

🏠 台東区上野公園7番7号 🕘 9:30~17:30、金・土~20:00 ※2022年春（予定）まで施設整備のため全館休館 休月（祝日の場合は翌平日休）、年末年始 🚃 JR上野駅公園口から徒歩1分

美術館の入口部分となっているピロティ

ここをチェック！
「近代建築の5つの要点」にある「ピロティ」はル・コルビュジエ作品の特徴のひとつ

ル・コルビュジエってどんな人？
Le Corbusier（1887~1965）

20世紀を代表する建築家。石やレンガを積み上げる従来の建築と異なり鉄筋コンクリートを使用した建築工法「メゾン・ドミノ」の考案や、「近代建築の5つの要点」を提唱し、大きな影響を与えた。

ロンシャンの礼拝堂

建築好きなら一度は訪れたい

モネやロダンの作品にも会えます

松方コレクションには近代フランスの絵画や彫刻が多数！

国立西洋美術館が生まれ変わる！
1959年に建設された国立西洋美術館は施設整備のため、現在全館休館中。2022年春リニューアルオープン予定。

オーギュスト・ロダン《地獄の門》国立西洋美術館（松方コレクション） 撮影：©上野則宏

クロード・モネ《睡蓮》国立西洋美術館（松方コレクション）

写真提供（ロンシャンの礼拝堂以外）：国立西洋美術館 転載不可

1. 陽の光によってさまざまな色に変化するステンドグラス 2. 照明もル・ランシーの教会そっくり 3. 現在は白い外壁だが完成当初はコンクリート打ち放しだった

プチぼうけん

名建築と彩るフランスの美を訪ねて

見学時間の目安 30分

フランスの礼拝堂がモデルに
東京女子大学チャペル
トウキョウジョシダイガクチャペル

チェコ出身の建築家アントニン・レーモンドの設計。この礼拝堂はパリ郊外の町ル・ランシーのオーギュスト・ペレによるノートルダム教会をモデルにしたもの。

Map P.114-B1 西荻窪

🏠 杉並区善福寺2-6-1　☎03-5382-6340　🕐文化祭期間などに公開（要問合わせ）　🚃JR西荻窪北口から徒歩12分

ここをチェック！
コンクリート打ちっ放しの礼拝堂内部をステンドグラスの光が優しく包み込む

ステンドグラスには42色もの色ガラスが使われている

画像提供：東京女子大学

ここをチェック！
エントランスホールは2004年に改装されたが、階段脇の彩色は初期のデザイン

赤が特徴的なエントランスホール。館内のいたる所でフランスを感じる

柔らかな曲線の三角形のらせん階段。珍しい二重らせん構造になっている

白い壁にフランス語でキノコを意味する「シャンピニオンの柱」と呼ばれる青い柱が特徴的

築70年を迎えました！

見学時間の目安 30分

フランスが香る近代建築
アンスティチュ・フランセ東京
アンスティチュ フランセトウキョウ

フランス政府公式の日仏の文化交流のための施設。フランス語講座を開講し、さまざまなイベントも開催している。ル・コルビュジエに師事した建築家、坂倉準三による設計。2021年11月末まで改修工事が行われる。

Map P.120-B1 飯田橋

🏠 新宿区市ヶ谷船河原町15　☎03-5206-2500　🕐9:30〜19:30（曜日によって異なる）　休校期間　🚃JR飯田橋駅西口から徒歩8分

©アンスティチュ・フランセ

39

オリジナルレシピ初公開！

お取り寄せ こだわりグルメで 簡単フレンチに 挑戦！

オンラインストアを利用すれば、おうちにいながら、フランスの食材だって購入できちゃう。南仏のグローサリー「Maison Brémond 1830」の調味料をお取り寄せして、フレンチな食卓を実現！

Maison Brémond 1830
メゾン ブレモン イチハチサンゼロ
URL mb1830.jp

BRAND HISTORY
南仏にある1830年創業のグローサリーを、ロクシタンの創業者オリヴィエ・ボーサンが引き継ぎ、厳選された食材を世界に届けている。

使ったのはこの5つ すべてフランス産！

- フランボワーズ ビネガー 100ml 2484円
- ピスタチオクリーム スプレッド 130g 2160円
- BIO マスタード ハーブ・ド・プロヴァンス 90g 2160円
- カマルグソルト プロヴァンス産ハーブ 90g 1728円
- ハーブ・ド・プロヴァンス 25g 1296円

パンのお供にも → P.71

「Maison Brémond 1830」さんが、arucoのためにオリジナルレシピを考案！

南仏気分を味わえるアイデアレシピ

プロヴァンス風トマトの香草パン粉焼き

材料（2人分）
- トマト　　　　　中1個
- パン粉　　　　　大さじ1
- ハーブ・ド・プロヴァンス　小さじ1
- オリーブオイル　大さじ1
- BIO マスタード ハーブ・ド・プロヴァンス　小さじ1

作り方
1. トマトはヘタを取り、横半分に切る。断面を上にして耐熱皿の上に並べる。
2. パン粉にハーブ・ド・プロヴァンス、オリーブオイルを混ぜ合わせておく。
3. トマトの断面にBIO マスタード ハーブ・ド・プロヴァンスを塗り、❷のパン粉をのせる。
4. 180℃に温めたオーブンで焼き色が付くまで20〜30分焼いたらできあがり。

ズッキーニとマスタードのグラタン

材料（4人分）
- ズッキーニ　　　　2本
- オリーブオイル　　大さじ1/2
- カマルグソルト プロヴァンス産ハーブ　小さじ1/2
- 黒コショウ　　　　少々
- 卵　　　　　　　　1個
- BIO マスタード ハーブ・ド・プロヴァンス　大さじ1
- 粉チーズ　　　　　大さじ3

作り方
1. ズッキーニは約7〜8mm厚さの輪切り。
2. 中火で熱したフライパンにオリーブオイルを敷き、ズッキーニ、カマルグソルト プロヴァンス産ハーブ、黒コショウを加えて、ズッキーニの両面に焼き色を付ける。
3. ボウルに卵をほぐし、BIO マスタード ハーブ・ド・プロヴァンス、粉チーズを入れて混ぜ合わせる。
4. オリーブオイルを塗ったバットに❷を敷き、❸を全体にかけて、200℃に温めたオーブンで約20分、表面に焼き色が付くまで焼く。

いちごとピスタチオのヨーグルトクラフティ

材料（直径15cmのスキレット1個分）
- 砂糖　　　　　　大さじ2
- 薄力粉　　　　　大さじ1
- ピスタチオクリーム スプレッド　大さじ2
- ヨーグルト　　　1/3カップ
- 卵　　　　　　　1個
- いちご（冷凍いちごやベリーで代用可）適量（100g〜150gくらい）
- フランボワーズ ビネガー　大さじ1

作り方
1. ボウルに砂糖、薄力粉、ピスタチオクリーム スプレッド、卵、ヨーグルトの順に加えて、フォークなどで混ぜる。
2. バターを塗ったスキレットにヘタを取ったいちごを並べ、上から❶を流し入れたら、170℃に温めたオーブンで30〜35分ほど焼く。
3. 仕上げにフランボワーズ ビネガーを回しかけ、お好みで砕いたピスタチオ（分量外）を飾る。

ぜ〜んぶ
トレボン！

おなかも心も大満足！
美食都市TOKYOの
絶品フレンチグルメ

世界中のおいしいものが集まる東京のフレンチは本当にハイレベル！
本場のパンやスイーツ、フランス各地の郷土料理や
東京ならではのアフタヌーンティーだって楽しめちゃう♡
さて、今日はどのフランスをいただきましょう？

GOURMET

Bonjour
パリ時間が流れる おしゃれなカフェで 過ごすひととき

フランス語がどこからともなく聞こえてきて、パリにいるような雰囲気を感じさせてくれるカフェへ。

> フランスと同じ製法で作っているのよ

Aux Merveilleux de Fred
オー メルヴェイユ ドゥ フレッド

パリ店と同じ味、雰囲気を味わえる

メレンゲとホイップクリームを使ったふわふわのお菓子「メルベイユ」で人気のフランス発パティスリー日本1号店。フランス国内店の内装をほぼ再現しており、現地にいるような気分になるはず。ガラス越しに作業風景が見られるのも楽しい。

Map P.120-A1 神楽坂
🏠 新宿区矢来町107 ☎03-5579-8353 ⏰9:00〜19:00、カフェ11:00〜19:00 🈳無休 🚇地下鉄神楽坂駅1a出口から徒歩1分

見事なシャンデリアはフランスから運ばれたもの

メレンゲ / クロワッサン / パン・オ・ショコラ / ゴーフル（フラマンドル風ワッフル）/ クラミック

1. クロワッサンやパン・オ・ショコラも販売している　2. 2階と3階にはカフェスペースがあり、週末には行列ができるほど　3. メレンゲに乗せたふわふわのホイップクリームが口の中で溶ける「メルベイユ」は定番6種＋限定1種。各320円　4. ゴーフルはバニラ味とブラウンシュガー＆ラム酒味の2種

> ボンジュール！家族でおいしいお菓子を作っています

「Aux Merveilleux de Fred」は、メレンゲ菓子を作っているのが外から見えるところまでフランスと同じでした。（東京都・るん）

Citron
シトロン

親日家 フランス人がオーナー

コンセプトは「東京で体験するパリのたたずまい」。パリを意識した空間で、オーナーのジョナサン・ベルギッグさんが考える、地球に優しい&ヘルシーメニューを楽しめる。

Map P.118-B2 外苑前

🏠港区南青山2-27-21 南青山227ビル1-2階 ☎03-6447-2556 🕐8:00〜21:00、土・日〜19:00 休無休 🚇地下鉄外苑前駅1a出口から徒歩2分

パリ時間が流れるおしゃれなカフェ

テラス席はワンちゃん同伴可能

スタッフの話すフランス語が飛び交っています

1. 「オーダーメイドサラダ」は、ベース+トッピングを4つ選べる　2. サラダのほか、キッシュやグラタンも人気　3. パリの小学校で使われていた椅子を使用した2階のカフェ空間　4. スープ、パンが付くサラダセットは1380円。人気の自家製レモネードは+340円

Café Chez André du Sacré-Coeur
カフェ シェ アンドレ ドゥ サクレ クール

モンマルトルのカフェを再現

来日後結婚した益川ロランスさんが、モンマルトルでカフェを営んでいた両親の思いを受け継いで、夫とふたりでオープンしたカフェ。パリらしい内装とロランスさんの人柄にひかれて通う人も多い。

古き良きパリの雰囲気を味わえます

Map P.115-B3 人形町

🏠中央区日本橋人形町1-8-5 ☎03-6228-1053 🕐11:00〜20:30(L.O.19:30) 休日・祝、第1・3月曜 🚇地下鉄人形町駅A2出口から徒歩1分

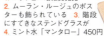
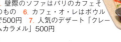

1. エッフェル塔雑貨発見　2. ムーラン・ルージュのポスターも飾られている　3. 階段にすてきなステンドグラスが　4. ミント水「マンタロー」450円　5. 壁際のソファはパリのカフェそのもの　6. カフェ・オ・レはボウルで500円　7. 人気のデザート「クレームカラメル」500円

「Citron」のように、サラダからドレッシングにいたるまで、「ヴィーガン」や「オーガニック」のマークを添えている店もある。 43

パリの町角にいるかのよう テラス席のあるカフェ4選

サン・ジェルマン・デ・プレのカフェを思い出すわ〜

パリの風景の一部となっているカフェのテラス。東京でもその雰囲気を味わえる場所を4つご紹介。

1. VIRON 丸の内店 ヴィロン マルノウチテン

オフィス街の人気ブラッスリー

オフィス街にあるカフェ、ブラッスリー。比較的すいている朝、テラス席からレンガ造りの東京駅を眺めるのも、ここならではの楽しみ。フランス産の材料のみで作られるバゲット（→P.68）をおみやげに。

1. フレークのカリカリ感がプラスされた「ショコラリエジョワ」。1200円
2. 東京駅の駅舎と撮れるテラス席
3. ゆったり過ごしたいときは屋内席へ
4. クロワッサンとカフェの朝食もとれる。770円
5. イラストでソーシャルディスタンス

フレッシュマスタードはここだけの限定品です

「マイユ」のフレッシュマスタードをおみやげに

店内にあるMAILLEコーナーでは、黒トリュフとシャブリのフレッシュマスタードが買える。パリの路面店でも大人気のマスタードだ。スプーン付き3800円（→P.107）

Map P.116-C1 丸の内

📍 千代田区丸の内2-7-3 東京ビルTOKIA 1F
📞 03-5220-7289（ブラッスリー）、03-5220-7288（ブーランジェリ・パティスリー）
🕘 9:00〜23:00（L.O.22:00、食事を出す時間帯の設定あり）
休 無休
🚇 JR東京駅丸の内南口から徒歩1分

44　「VIRON」のデザートは、クレームカラメルやプロフィットロールなど、パリの定番づくし！（神奈川県・鈴蘭）

2 AUX BACCHANALES 紀尾井町
オーバカナル キオイチョウ

パリっぽさ満点！

「フランスの大衆食文化を日本に伝える」をコンセプトに、原宿1号店のオープン以来パリのカフェの雰囲気とエスプリを伝える「AUX BACCHANALES」。紀尾井町店は落ち着いた大人の雰囲気。

Map P.115-B3 紀尾井町

🏠 千代田区紀尾井町4-1 新紀尾井町ビル1F ☎ 03-5276-3422 🕙 10:00〜23:00（L.O.22:30）、日・祝〜22:00（L.O.21:30） 休無休 🚇 地下鉄赤坂見附駅D出口から徒歩5分

テラス席のあるカフェ4選

パリ好きならぜひどうぞ！

ランチはニース風サラダにしようかな、迷う〜

ミントシロップのソーダ割り「ディアボロマント」

1. ライブイベントで描かれたアートペイント
2. ソファ、鏡張りの壁などパリのカフェらしさを追求した内装
3. ツナ、オリーブ、野菜たっぷりのニース風サラダ。870円
4. テラス席はとても広く心地よい
5. ソフトドリンクもフランスらしいものが充実
6. 店内にはベーカリーも
7. 大人気のタルトシトロン（レモンのタルト）

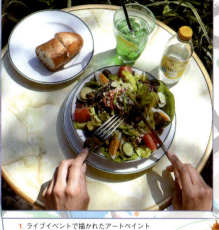

パリのカフェ ミニ歴史

パリで最初にコーヒーが飲める店が登場したのは17世紀初頭とか。現存する最古のカフェは、サン・ジェルマン・デ・プレにある「ル・プロコープ」で、コーヒー以外のメニューも充実させて大ヒットした。20世紀初頭には、芸術家、作家たちがカフェに集い、文化、芸術の発信地ともなった。

「AUX BACCHANALES 紀尾井町」の周辺は桜の名所。満開の頃には花見客でにぎわう。

45

パリのグルメ広場にある「フォション」

パリの「FAUCHON」は、高級食料品店として、長い歴史をもつ店。グルメな食材を扱う店が集まるマドレーヌ広場には、マドレーヌ教会を望むレストランがあり、こちらのテラス席も体験してみたい。

ふわふわに仕上がった「スフレ」を紅茶とともにどうぞ

ブリオッシュ生地をアールグレイのソースに浸してから焼き上げた「ブリオッシュフレンチトースト」968円

テラス席のあるカフェ4選

4 ふんわりスフレを味わえる

FAUCHON LE CAFÉ
フォション ル カフェ

フランス発の高級食品店ブランドとして、日本で長く親しまれている「FAUCHON」のカフェ。高級感のあるテラス席では、スフレなどのスイーツも楽しめ、ショッピングのあとにひと息つくのにぴったりの場所。

FAUCHONのブランドカラーに彩られて

Map P.116-C2　日本橋

中央区日本橋2-4-1 日本橋髙島屋本館ガレリア1F ☎03-5542-1570 ⏰10:30～21:00 (L.O.20:00)、日・祝～20:30 (L.O.19:30) 休不定休(施設の休館日に準じる) 交JR東京駅八重洲北口から徒歩5分

1. フレンチシックな色合いでまとめられ、ゆったりとしたテラス席 2. 店内は、白を基調としたモダンなデザイン 3. 週替わりでメニューが変わるランチセットはドリンク付き。ディナーでは本格的な味のコース料理を気軽に楽しめる 4. パリらしいスタイリッシュな屋内席

「FAUCHON LE CAFÉ」では数量限定でアフタヌーンティーも提供している。

ここがオススメ
アフタヌーンティーの内容は季節ごとに異なる。限定マカロンが付くことも。8756円〜

Ladurée 渋谷松濤店
ラデュレ シブヤ ショウトウテン

渋谷の文化発信地でもあるBunkamuraの松濤側に、2019年オープンしたサロン・ド・テ。松濤の街の洗練された雰囲気になじむよう、格式高く上品な内装でまとめられた空間で、優雅なティータイムを過ごせる。

Map P.119-A1 渋谷
渋谷区道玄坂2-24-1 Bunkamura 3F
03-3477-9044
10:30〜19:30（L.O.18:30）
不定休（Bunkamuraに準じる）
JR渋谷駅ハチ公口から徒歩7分

「Ladurée」のスイーツを堪能できるアフタヌーンティー

1. 空間に奥行きを与えるミラーは、人気のビスキュイ"ラング・ド・シャ"を象ったもの 2. 季節ごとにテーマの異なるアフタヌーンティーセットが提供される 3. マカロン（→P.62）のブティック

優雅なサロン
フランス流 アフタ

「サロン・ド・テ」とは、フ
パリ発サロン・ド・テでのお
そして東京だけで堪能できる、
とっておきのスイーツとととも

SALON DE THÉ JANAT OMOTESANDO
サロン ド テ ジャンナッツ オモテサンドウ

2匹の猫がトレードマークの「JANAT」のサロンでは、店内のあちこちに猫のオブジェが。ギュスターヴ・エッフェルとの交流から生まれ、オーク樽で熟成させた芳潤な「ジャンナッツ フレンチオークティー」はぜひお試しを。

Map P.119-A2 表参道
渋谷区神宮前5-46-10
03-6418-8272
11:00〜19:00（L.O.18:30）
火
地下鉄表参道駅B2出口から徒歩5分

テイクアウトもできます

ここがオススメ
猫のサブレがのったプレートがほほ笑ましい。スコーンは紅茶風味のクリームで。2800円

1日10人限定の「ラッキーキャッツ アフタヌーンティー」

1. 船旅をテーマにした店内には航海図などが飾られている 2. ガラスのポットとカップで紅茶の色も楽しめる。猫形の紅茶のサブレも人気。200円 3. ローストバナナ入りの濃厚なチョコレートケーキ「ピラミッド アステック」。660円、セット1220円

48　「JANAT」のアフタヌーンティーは予約が必要ですが、その価値あり！サラダ付きでバランスもよかったです。（千葉県・あんな）

MARIAGE FRÈRES
マリアージュ フレール

パリブランドの代表格ともいえる紅茶がおかわり自由で楽しめるとあって、人気のアフタヌーンティー。銀座本店ではプレートサービス、銀座松屋通り店では、季節限定のシルバーティースタンドでも提供している。

フランス流アフタヌーンティー

MARIAGE FRÈRES 銀座本店
Map P.117-B1 銀座
🏠中央区銀座5-6-6 すずらん通り ☎03-3572-1854 ⏰11:30〜20:00（L.O.19:30)、ブティック11:00〜 休年末年始 🚇地下鉄銀座駅A1出口から徒歩1分

MARIAGE FRÈRES 銀座松屋通り店
Map P.117-B2 銀座
🏠中央区銀座4-6-1 銀座三和ビル2F 松屋通り ☎03-3564-1854 ⏰11:30〜20:00（L.O.19:30)、ブティック11:00〜 休年末年始 🚇地下鉄銀座駅A12出口から徒歩1分

ここがオススメ
セイボリーとスイーツが別々に提供される銀座松屋通り店限定メニューがある。ひとり6600円〜

季節ごとに数種類のお茶が選べる限定メニュー

1. 「マルコ ポーロ」が一番人気 2. スイーツと紅茶のセットも 3. 陶器のポットにステンレスカバーを付けたオリジナルティーポット「アール デコ 1930」でサーブ

MARIAGE FRÈRES Photograph by FRANCIS HAMMOND

・ド・テで
ヌーンティー

ランス語でティールームのこと。
楽しみは、エレガントな雰囲気、
リッチなアフタヌーンティーセット。
に、至福の時間を過ごしてみては。

LE SALON DE NINAS
小田急百貨店新宿店
ル サロン ド ニナス オダキュウヒャッカテンシンジュクテン

ヴェルサイユの「王の菜園」で栽培された希少なりんごとローズで香り付けした「マリー・アントワネット ティー」がスペシャリテ。「NINA'S」でしか味わえない上質なフレーバーが人気の秘密。

Map P.114-B2 新宿
🏠新宿区西新宿1-5-1 小田急百貨店ハルクM2階 ☎03-6304-5025 ⏰10:00〜20:30（L.O.20:00)、日・祝〜20:00（L.O.19:30) 休施設に準じる 🚇JR新宿駅西口から徒歩2分

マリー・アントワネット気分でお茶時間を楽しむ

1. 小箱に個装された「マリー・アントワネット ティー」のティーバッグはギフトに最適。18P 2376円
2. 特別装丁函入りのリーフティー。100g 2592円
3. 2種のスコーンにジャムと生クリーム付き「スコーンセット」。1265円
4. 紅茶やグッズはギフトにも人気

ここがオススメ
季節で変わるアフタヌーンティーは1名分からオーダーできるのもうれしい。2200円

「マリー・アントワネット ティー」は缶もかわいい（→P.95）

La Fée Délice
ラ フェ デリース

アンティーク店のような店内

「La Fée」は妖精のこと。アンティーク家具や雑貨で埋め尽くされ、妖精が舞い降りてきそうなファンタジー感あふれる空間で、おいしいクレープとガレットを召し上がれ。

自家製塩バターキャラメル販売中!

Map P.118-B1 原宿

📍渋谷区神宮前5-11-13 ☎03-5766-4084 ⏰12:00〜21:00(L.O.20:00) 休月(祝日の場合は火) 🚇地下鉄明治神宮前駅4番出口から徒歩4分

キャラメルクリーム(→P.71)もお試しを

1. イチゴとシャンティイクリームのクレープ・ルージュ 1650円 2. 店内の家具は、ブルターニュ地方で集めたもの 3. サーモンにノルディック風ルセンクリームソースをかけたガレット・ラ・シレーヌ 1950円

かわインテリア乙女度
クレープ

フレンチの軽食といえばおいしさはもちろん、おすすめ店

ブルターニュの木靴や陶器が装飾に

気持ちのよいテラス席もあります

BREIZH Café CRÊPERIE
ブレッツ カフェ クレープリー

ブルターニュ色に染まる店

東京に本場のガレットを広めた神楽坂のクレープリー「Le Bretagne」(→P.16)の姉妹店。種類豊富なシードルとともに、有塩バターが効いたガレットとクレープを。

Map P.118-B2 表参道

📍渋谷区神宮前3-5-4 ☎03-3478-7855 ⏰11:00〜21:00 休無休 🚇地下鉄表参道駅A2出口から徒歩5分

1. シードルのカーヴを併設 2. ブルターニュ地方の陶器が飾られた店内 3. 桜を使った春のクレープなど季節限定クレープもチェック。1350円 4. 生ハムをのせた「コンプレット・オ・ジャンボン・クリュ」1390円

「La Fée Délice」の内装はとてもかわいらしく、気分が高まります。(千葉県・みにょん)

1. トマト、卵、チーズのガレット。ドリンクとセットで1600円
2. オーナーが英仏で集めた家具が使われている
3. 蚤の市のような一角も
4. 看板メニューでもある塩バターキャラメルのクレープ

乙女度満点のクレープ&ガレット

いいにも注目！
満点の
&ガレット

レンガ造りの洋館でクレープを
Au Temps Jadis
オタン ジャディス

かわいい小物もチェック！

1985年、イギリスから取り寄せたレンガで洋館を建て、当時はまだ珍しかったガレット専門店としてオープン。一層趣を増した今も本場の味を伝え続けている。

Map P.119-A1 渋谷

渋谷区神南1-5-4 ロイヤルパレス原宿B1F　03-3770-2457　11:30～19:00(L.O.18:00)　火・水　JR渋谷駅ハチ公口から徒歩10分

クレープとガレットの違いは？
「クレープ」は、小麦粉を薄焼きにしたブルターニュ地方発祥の料理。ソバ粉を使用したものは「ガレット」と呼ばれ、有塩バターの風味が際立つのが特徴。

クレープとガレット。内装にもこだわるはこちら！

昼間のみ営業なので気をつけてね

自家製にこだわるクレープリー
Maison Bretonne
メゾン ブルトンヌ

ブルターニュ地方の小物をあしらって

笹塚の商店街にあり、昼はクレープリー、夜はフレンチ居酒屋になるというユニークな店。薄くてパリパリっとした生地が特徴的な、南ブルターニュスタイルのガレットを味わえる。

Map P.114-B2 笹塚

渋谷区笹塚3-19-6　03-6304-2855　10:00～15:00(L.O.)　水　京王線笹塚駅北出口から徒歩7分

1. 照明など、手造り感あふれる店内
2. 自家製有塩バターキャラメルを購入し次回空ビンを持っていくと、無料で詰めてくれる
3. クレープ職人として来日したモルル・ダヴィットさん
4. キノコを使ったブロセリアント1650円
5. オレンジのクレープ1265円

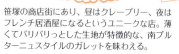

クレープリーのインテリアの一部としてもよく使われている陶器はブルターニュ地方の名産、カンペール焼き。

51

Le Petit Tonneau
ル プティ トノー

土曜にはチャージなしでシャンソンが聴けます

週末にはライブも楽しめる

多方面で活躍するベテランシェフ、フィリップ・バットンさんがオーナー。フランスから運ばれたザンク（錫）のカウンターなど、内装はパリの典型的なビストロを再現。雰囲気に浸りつつ、定番料理を楽しめる。

時間をかけて煮込みました

Map P.115-B3 虎ノ門
港区虎ノ門2-1-1 商船三井ビル1F
03-5545-4640
11:30～15:00(L.O.14:30)、18:00～23:00(L.O.22:00) 日・祝 地下鉄虎ノ門駅3番出口から徒歩2分

1. 床のタイルや椅子、ソファの雰囲気までパリそのまま 2. パリのカフェの壁にかかっている料金表も演出の小道具に 3. とろける牛ほお肉の赤ワイン煮 ハチミツとクミン風味のニンジンソテー添え 3560円 4. マグロとホタテのタルタル フランコジャポネスタイル 1800円

パリで愛される伝統のビストロ料理を満喫！

Le Clos Montmartre
ル クロ モンマルトル

ムーラン・ルージュに誘われて

神楽坂ってモンマルトルに似てますよね！

店名は、パリのモンマルトルの丘にあるブドウ畑からきている。メニューは黒板のみ。あえて日本人向けにアレンジせず、王道のビストロ料理を提供し、フランス人客たちからも愛されている店だ。

Map P.120-A2 神楽坂
新宿区神楽坂2-12 Ryo1神楽坂1F 03-5228-6478 11:30～15:00(L.O.14:30)、18:00～22:30(L.O.21:30) 水・金ランチ、日 地下鉄飯田橋駅B3出口から徒歩3分

1. モンマルトルの丘の麓にあるキャバレー「ムーラン・ルージュ」の赤い風車のミニ版が目印 2. 「毎日通いたい店」を目指した前オーナーの思いを受け継いだ心地よい店内 3. 砂肝のコンフィくるみソースは1320円 4. 魚介の旨味を抽出したブイヤベース4620円

「Le Clos Montmartre」などレストランのテイクアウトメニューは本格的でおすすめです。(東京都・SAYA)

パリのワイン食堂
パリ ノ ワイン ショクドウ
親しみやすい大衆食堂

フランス語の店名は「Bouillon de Paris à vins ブイヨン ド パリ ア ヴァン」。ブイヨンとは昔からパリにある大衆食堂のことで、その名のとおり、昔ながらの料理を気取らずに楽しめる。

Map P.117-B2 銀座

🏠 中央区銀座3-13-11 銀座芦澤ビル1F ☎ 03-3547-4120 🕐 11:30～15:00（L.O.14:00）、17:00～23:00（L.O.22:00）、土・日はノンストップ 休 無休 🚇 地下鉄東銀座駅3番出口から徒歩5分

ビストロ料理を満喫！

リーズナブルなワインも揃っています

1. かわいい照明は、市販のザルにチェックの布をかぶせたもの！ 2. 絵になる場所がたくさん 3. 定番のメイン、鴨胸肉のロースト 4. ズワイガニとアボカドのディル風味 ガトー仕立て 赤ワインヴィネガーの効いたクーリ・ド・トマトで。いずれもコース料理（2980円～）で楽しめる

手頃な値段で伝統料理を提供するビストロ。気取らない雰囲気のなかで、ワインとともに楽しもう。

Sacrée fleur
サクレ フルール
パリ名物のステック・フリット

パリ18区モンマルトルにある肉ビストロの日本1号店。ステーキとフライドポテトを盛り合わせた「ステック・フリット」がスペシャリテ。「パリの食堂」というコンセプトに合った、気さくな雰囲気も魅力だ。

Map P.120-A1 神楽坂

🏠 新宿区神楽坂3-2 大宗第5ビル ☎ 03-6228-1513 🕐 11:30～15:00（L.O.14:30）、17:00～23:00（L.O.22:30） 休 月 🚇 地下鉄飯田橋駅B3出口から徒歩4分

赤身肉のおいしさを堪能してください

1. オープンキッチンになったグリルがある2階 2. 肉はグリルでレア状態に焼いたあと、ホットストーンにのせて客席に運ばれる 3. トリミング方式で仕上げたタルタルステーキ 4. アツアツのオニオングラタンスープもどうぞ。638円

フランスから取り寄せたホットストーンの上に肉をのせて、好きな焼き加減でいただくスタイル。3960円（300g）～

「Sacrée fleur」でステーキに添えられるポテトは食べ放題。あえて食事用のパンは出さないそう。

53

郷土料理を食べ歩いて
フランスの地方グルメ旅

フランスは地方色が豊かな国。東京には、それぞれの地方の郷土料理を食べさせるレストランも揃っている。食べ歩けば、地方を旅しているような気分になれるはず。

リヨン ①
リヨンの旧市街にいるかのよう

Lugdunum Bouchon Lyonnais
ルグドゥノム ブション リヨネ

錫（すず）のカウンターなどフランスから取り寄せたものも

オーナーシェフのクリストフ・ポコさん

「内装にもこだわりました」

「ルグドゥノム」とは、シェフの出身地であるリヨンの古代名。「ブション」とはリヨンの郷土料理とワインを楽しめる店のこと。店名からもわかるとおり、正統派のリヨン料理を本場の雰囲気のなかで味わえる。

リヨン料理って？
魚のすり身につなぎを加えてスフレ状に焼いた「クネル」、肉なら「リヨン風ソーセージ」などがブションで出される代表料理。

リヨン風クネル モリセット ウぉばあさんスタイル ナンチュアソース

Map P.120-A1 神楽坂
🏠 新宿区神楽坂4-3-7 海老屋ビル ☎03-6426-1201 ⏰11:30〜15:30 (L.O.14:00)、18:00〜23:30 (L.O.21:30) 休月、第1・3火曜 地下鉄飯田橋駅B3出口から徒歩3分

コショナイユ ブションリヨネ風

リヨン名物のタルトプラリヌとウフ ア ラ ネージュ

ブルゴーニュ地方 ②
名物はエスカルゴ料理

Maison de la Bourgogne
メゾン ド ラ ブルゴーニュ

ブルゴーニュワインとともに味わいたい

フランス映画のポスターがインテリアの一部に

「Bourgogne」と書かれた標識に誘われて入ると、フランス人スタッフが迎えてくれる。ブルゴーニュ名物のエスカルゴと牛肉の赤ワイン煮込みが付く「ブルギニオンメニュー」は3800円（ランチ）、5200円（ディナー）。

Map P.120-A1 神楽坂
🏠 新宿区神楽坂3-6-5 ☎03-3260-7280 ⏰11:30〜15:00 (L.O.14:00)、17:30〜23:00 (L.O.22:30) 無休 JR飯田橋駅4番出口から徒歩4分、地下鉄飯田橋駅B3出口から徒歩3分

ニンニクバターを使った「エスカルゴのブルゴーニュ風」

「牛肉の赤ワイン煮（ブフ・ブルギニョン）」

ブルゴーニュ料理って？
牛肉の赤ワイン煮「ブフ・ブルギニョン」、卵料理「ウフ・アン・ムレット」などワインを使ったものが多い。

フランスでシュークルートを頼むと完食できないのに、「Gentil」ではするっと入りました。（東京都・Miki）

３ アルザス地方

本場仕込みのシュークルートを
Gentil
ジョンティ

アルザスのワイン居酒屋の雰囲気

シュークルートのソーセージも自家製

富田裕之さん(左端)とスタッフの皆さん

アルザスへようこそ！

オーナーの富田裕之さんが、アルザス地方滞在中に郷土料理レシピを教わり、さらに探求を重ねて開いた店。フランス人も太鼓判を押す本格的なアルザス料理を楽しめる。

Map P.115-B3 浅草橋

▲台東区浅草橋2-5-3 ☎03-5829-9971 ⏰11:30～L.O.14:00(土・日・祝 12:00～14:30)、18:00～L.O.21:00 休水、第3火曜 🚃JR浅草橋駅西口出口から徒歩5分

アルザス料理って？
仏独間で国境が何度も揺れ動いた歴史的背景から、シュークルートなど、ドイツ色の濃いボリューミーな料理が多い。

タルトフランベは現地と同じサイズで提供

郷土料理を食べ歩いてフランスの地方グルメ旅

４ バスク地方

キントア豚の料理を
Saint-Jean-Pied-de-Port
サン ジャン ピエ ド ポー

バスクベレーが飾られた店内

入口は階段を上った所に

バスクの魅力をお伝えします

シェフの和田直己さん

スペインからフランスにまたがるバスク地方に魅せられたシェフ、和田直己さんが腕を振るうバスク料理の店。

Map P.119-B2 渋谷

▲渋谷区東1-27-5 シンエイ東ビル2F ☎03-6427-1344 ⏰11:45～14:00(L.O.13:30)、18:00～23:30(L.O.23:00) 休日、第2月 🚃JR渋谷駅新南口出口から徒歩10分

バスク料理って？
バスク豚を使った料理や生ハムなど豚肉加工品が名物。料理にエスプレット村で産出される唐辛子を加えるのがバスク流。

1. バスク産生ハム 2. バスク豚のなかでも希少価値があり、特においしいとされるキントア豚のグリエ

５ オクシタニー地方

カスレといえばこの店
Restaurant Pachon
レストラン パッション

オーナーのアンドレ・パッションさんは、東京におけるフランス人シェフの草分け的存在。故郷オクシタニー地方の名物料理カスレの普及に努め、にぎやかに楽しむ「カスレディナー」は毎回満席になるほど大盛況だ。

白インゲンと豚肉、ソーセージ、鴨肉を煮込んだカスレ

仔牛肉の暖炉焼きなど、カスレ以外の料理も充実

スペインに向かう巡礼路上の修道院から運ばれた暖炉

カスレディナーにぜひ

オーナーシェフのアンドレ・パッションさん

オクシタニー料理って？
フランス南西部の広大な地域で、カスレや鴨肉を使ったコンフィなどの料理がポピュラー。トリュフの産地でもある。

Map P.119-B1 代官山

▲渋谷区猿楽町29-18 ヒルサイドテラスB棟1号 ☎03-3476-5025 ⏰11:30～13:30(L.O.)、18:00～21:00(L.O.) 休無休 🚃東急東横線代官山駅東口出口から徒歩5分

地方料理の店では、ワインも同じ地方のものを揃えていることが多い。珍しいバスクワインも試してみては。

フランス好きなら通いたくなる こだわりのワインバー

1. 洗練されたデザインの店内 2. 置いてあるのはすべてBIOワイン。25種ほどグラスで頼むことができる 3. 料理はクロエさんが担当。フムス（ヒヨコ豆のペースト）、チーズなど、合わせたオレンジワインとの相性もぴったり

週末はブランチを

田舎パンが焼き上がりました！

自然派ワインをアペロ感覚で

apéro. wine bar aoyama
アペロ ワイン バー アオヤマ

オーナーのギヨーム・デュベリエさんが厳選する自然派ワインを、妻のクロエさんが作る料理とともに、アペロ（アペリティフ）のように楽しめる店。日本国内の生産者を訪ね歩くなど、すべてに質のよさが感じられる。

Map P.118-B2 外苑前

🏠港区南青山3-4-6 Aoyama346 3F ☎03-6325-3893 ⏰18:00～24:00（L.O.23:00）、土・日11:30～15:00、17:00～24:00（L.O.23:00）休不定休 🚇地下鉄外苑前駅1a出口から徒歩5分

ワインのテイクアウトも行っています

生産者からの信頼も篤い

Meguro Un Jour
メグロ アン ジュール

パリのワインバー「ル・ヴェール・ヴォレ」で働いていた宮内亮太郎さんがオーナー。ワインに合う料理とともに、提供している。顔の見える生産者から買うというナチュラルワインのストックは約3000本。グラスでも楽しめる。

Map P.121-C1 目黒

🏠目黒区目黒4-10-7 ☎03-3713-7505 ⏰17:00～翌1:00（L.O.22:00）、ワインショップ15:00～ 休火・水 要予約 🚇JR目黒駅正面口から徒歩13分

1. ロワール産白アスパラガスをまるごと揚げたベニエ、パセリのソース添え 2. 彩りが美しいカニとポテトとキャベツのサラダ 3. OUVERT=営業中 4. ずらりと並ぶナチュラルワイン

56 apéro. wine bar aoyamaで出されるチーズは、長時間輸送による劣化がない国内産を厳選しているそう。（東京都・ふろまじゅ）

厳選されたフランスワインとおいしい料理を、レストランより親密な雰囲気のなかで味わいたい。そんな願いをかなえてくれる、隠れ家的なワインバーですてきな夜を。

ミニマルで親密なワインバー
Aminima
アミニマ

数々の名店でソムリエとして経験を重ねた鳥山由紀夫さんの店。ワインは仕入れ数を抑えているため、入れ替わりが激しく、あえてリストは置かないのだそう。訪れるたびに違ったワインに出合えそうだ。

Map P.118-B2 外苑前

渋谷区神宮前2-5-6 アマデウスハウス1F ☎03-6804-2846 17:00〜23:00（L.O.22:30）、土 16:00〜22:00（L.O.21:30) 日 地下鉄外苑前駅3番出口から徒歩6分

「サバのリエット」も人気のおつまみです

こだわりのワインバー

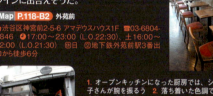

1. オープンキッチンになった厨房では、シェフの丸山尚子さんが腕を振るう 2. 落ち着いた色調でまとめられた内装 3. 自家製シャルキュトリー（ハム、パテ、鴨スモーク）の盛り合わせ（ハーフ1500円）とともに

バスクバルで名物のひき肉料理を
HIKIXOU
ヒキショウ

バスクの味をご賞味ください

2021年4月、ガトーバスクの店「Maison D'AHNI Shirokane」（→P.78）の隣にオープンしたバル。バスクの伝統的なひき肉料理「アショア」やバイヨンヌの生ハムをワインと一緒に味わえる。

Map P.115-C3 白金高輪

港区白金1-11-15 ☎03-5420-1929 8:00〜22:30（L.O.21:30) 火 地下鉄白金高輪駅4番出口から徒歩3分

バスクの発泡酒「チャコリ」をどうぞ

1. バイヨンヌの生ハム（1350円）はワインが進む定番のおつまみ 2. Maison D'AHNI Shirokaneのガトーバスクもここで味わうことができる 3. 子牛のひき肉と刻みタマネギなどを煮込んだ「アショア」（1380円） 4.「チャコリ」（900円）はこうやって注ぎます

「HIKIXOU」は朝8:00からオープン。朝バル、ランチ、カフェ、ディナーと1日使える。

Numéro 5 Paris
ヌメロ サンク パリ

5つの絶品スイーツ

チェリーコンポートを包んだ「モンクール」と「ミルフィーユ・ショコラ」

ライブ感のある店に

店内に入ると、アトリエに立つシェフ、マチュー・パンソンさんの姿がガラス越しに。ショーケースはなく、その日作られる5種のケーキ（702円〜）のサンプルから選ぶシステムだ。6席あるイートインスペースで味わうこともできる。

Map P.120-C2 緑が丘

- 目黒区緑が丘1-23-10 Ntm One 2F ☎03-6421-4075
- 10:00〜19:00 月、第1・3火曜 東急大井町線緑が丘駅から徒歩1分

店は階段を上った2階にある

日仏の時差表示も。BGMはフランスのラジオ放送

Matthieu Pinson

ピエール・エルメ・パリ・ジャポンの元シェフ・パティシエ。店名は生まれ育ったパリ郊外の番地（5＝サンク）から。

5種のケーキは約2ヵ月半おきに変わる。人気のカヌレ（→P.63）もチェックして

手みやげにぴったりな焼き菓子も揃う。パリが恋しくなる壁紙にも注目

フランス人パテ
極上スイーツ

パティスリーの名店が星の数ほ
挑戦を続けるフランス人

CRIOLLO
クリオロ

"身近な贅沢"がコンセプト

オーナーシェフは、数々の受賞歴に輝き、その技術が高く評価されているサントス・アントワーヌさん。素材そのものの食感や、組み合わさったときの調和を考え抜いて完成したお菓子はどれも絶品。

Map P.114-A2 小竹向原

- 板橋区向原3-9-2 ☎03-3958-7058 10:00〜18:00 火（祝日は営業） 地下鉄小竹向原駅3番出口から徒歩3分

種類豊富なスイーツが並ぶ店内。プチガトー（ケーキ）は500円〜

1. キャラメルとバニラのコンクール優勝ケーキ「ガイア」 2. 人気の高い「モンブラン」 3. 世界コンクールを制した「ニルヴァナ」 4. 口溶けのよい「ヌヌース・ジュニア」

よりおいしいものを常にめざします

地元で愛されている店で、開店前に行列ができるほど

Santos Antoine

南仏プロヴァンス生まれ。パリのサロン・デュ・ショコラをはじめとする賞を受賞。指導者としても一流のベテランシェフ。

 「CRIOLLO」の「ヌヌース・ジュニア」、愛らしく子供向きかと思いきや、チョコレートが層になった本格派。（東京都・シュクレ）

目の前で仕上げるデザート

Pâtisserie PAROLA
パティスリー パロラ

アレクシ・パロラさんが作る3種類のデセール（スパークリングゼリー、レモンのスペシャリテ、旬のフルーツを使ったデセール）をペアリングドリンクとともに楽しめる（4950円）。目の前で仕上がりを見ることができる、贅沢なコースだ。

Map P.117-B1 日比谷
- 千代田区内幸町1-7-1 日比谷OKUROJI
- 03-6807-5622
- 12:00～20:00 無休
- 地下鉄日比谷駅A13番出口から徒歩6分

毎回変わるので何度でも

入荷によって内容が変わる「アシェットデセールプレート」

1. 瞬間凍結したフルーツの上にスパークリングワインを注ぐ
2. レモンのスペシャリテ

1.

シェフに直接希望を伝えられるカウンタースタイル

2.
チョココーティングの中からレモンの果肉があふれ出る

Alexis Parola

仏西部ボルニック出身。伝説のチーズ「キュレ・ナント」を復活させた家に生まれ、菓子作りに目覚める。日仏で経験を積み、本店で初めてシェフ・パティシエに就任。

フランス人パティシエが作る極上スイーツ

ィシエが作るに夢見心地

どるスイーツ激戦都市東京でシェフたちの店に注目！

Le Coin Vert
ル コワン ヴェール

絵画的なカラフルスイーツ

神楽坂の商店街から少しはずれた、「緑の片隅」という店名にぴったりの静かな一角にある。シェフ、パトリック・ルメルさんは、ゼラチンの使用を極力減らし、繊細に仕上げている。崩れやすいので、大切に持ち帰って。

Map P.120-B1 神楽坂
- 新宿区神楽坂2-20-14
- 03-6280-8270
- 10:30～19:00 月
- JR飯田橋駅西口から徒歩5分

1.

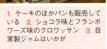
2.

バランス感を大切にしています

1. ケーキのほかパンも販売している
2. ショコラ味とフランボワーズ味のクロワッサン
3. 自家製ジャムはいかが

3.

Patrick Lemesle

ル・アーヴル生まれ。ル・コルドン・ブルーの製菓コース教授として来日。2019年、「Le Coin Vert」の3代目シェフに。

4.

5.

6.

4. カシスコンフィとムースを使った「カシス」630円
5. 「クリームチーズアプリコット」595円
6. キルシュをきかせたピスタチオのムース「シシリア」

「Le Coin Vert」のケーキは、レストラン「Lugdunum Bouchon Lyonnais」（→P.54）、「L'Épicerie Le Bretagne」（→P.17）でも買える。

59

長く愛されるのはワケがある
名パティスリーの看板スイーツStory

イスパハン
Ispahan

バラを使ったスイーツの先駆けとなった香り高いスイーツ

ミシャラクモンクール
Michalak mon coeur

鮮やかな赤色はラディッシュの色素を使用

Story

ブルガリアではバラが食材として使われていることに着目したピエール・エルメが、80年代にバラとフランボワーズのケーキを考案。そして1997年に発表したのが、バラ、フランボワーズ、バラと共通の香りがあるライチを組み合わせた「イスパハン」だ。名称は、オールドローズの一品種であり、「イランの真珠」と称される古都の名からとられた。972円

Story

「モンクール」=「私のハート」を意味し、シェフが「ホテル・プラザ・アテネ」にいた当時、考案したそう。ひときわ目を引く真っ赤な色は、情熱、愛をイメージしている。中には、ビスキュイショコラにユズシロップ、ショコラのムースとエキゾチックフルーツを重ね、さらにユズクリームを絞り、ルージュのナパージュで仕上げた美しくさわやかな逸品。810円

PIERRE HERMÉ PARIS
Aoyama
ピエール エルメ パリ アオヤマ

Michalak Paris
表参道店
ミシャラク パリ オモテサンドウテン

青山通りに面した、「PIERRE HERMÉ PARIS」の日本旗艦店。マカロン、ショコラ、ケーキ、焼き菓子など、幅広く取り揃えている。2Fの「Heaven」では、極上のデザートを楽しめる。

Map P.119-A2　表参道
渋谷区神宮前5-51-8 ラ・ポルト青山1・2F
03-5485-7766　11:00～20:00　不定休
地下鉄表参道駅B2出口から徒歩3分

1. イスパハンと並ぶ代表的なスイーツ「タルト アンフィニマン ヴァニーユ」　2. 幅広い商品を揃えたブティック　3. デザートを楽しめるHeaven

表参道に面した、ガラス張りのブティック&カフェ。日本のショップデザインコンセプトであるクールポップ&シンプルカジュアルに合わせ、商品の個性を際立たせるため、白と黒を基調に構成している。

Map P.118-B1　表参道
渋谷区神宮前6-2-9　03-5774-6311　12:00～18:00　火休　地下鉄明治神宮前駅4番出口から徒歩3分

1.2. 人気のモバイルスイーツ「コスミック KOSMIK」。ケーキの乳化剤や凝固剤を減らすために生まれたスイーツ　3. ゆったりとしたカフェを併設

「ミシャラク・モンクール」は、見た目の華やかさはもちろん、味も奥深くて感動。（東京都・クール・ド・リヨン）

パリを代表するスイーツブランドの数々。
その店を語るうえで欠かせないお菓子とは？
物語を紐解けば、愛され続ける理由が見えてくるかも。

名パティスリーの看板スイーツStory

トゥールーズ・ロートレック
Toulouse Lautrec

カカオ70％の濃厚なムースとチョコレートのクレームブリュレ

Story

フランス南西部のアルビからパリに出た画家トゥールーズ・ロートレックは、現在アルノー・ラエール本店があるパリ、モンマルトルのCaulaincourt通りに住み、ムーラン・ルージュをはじめとするキャバレーに通いながら創作活動を続けた。そんなロートレックへのオマージュを込めて創作したアルノー・ラエールの代表作。プチガトー760円。写真はアントルメ

抹茶のエクレア
Éclaire mâcha

パリの抹茶ブームを牽引

シュー・ア・ラ・クレームも人気

Story

しっかり香ばしく焼き上げたパータ・エクレールの中に、たっぷりの抹茶クリームを絞り込み、上に抹茶のフォンダンを配したエクレア。青木シェフがパリで最初の店を出した頃、まだフランス菓子ではほとんど使われることのなかった抹茶を積極的に使用。パリっ子たちを虜にし、その後エクレアブームを巻き起こしたという逸品。507円

Arnaud Larher Paris
広尾本店
アルノー ラエール パリ ヒロオホンテン

M.O.F.（フランス国家最優秀職人章）を授与されているパティシエ、アルノー・ラエールさんの日本1号店。定番のケーキはもちろん、素材と彩りにこだわる美しいお菓子に出会える。

Map P.121-B1 広尾

渋谷区広尾5-19-9 金田ビル1F・2F　03-5422-7988　11:00〜20:00　不定休　地下鉄広尾駅2番出口から徒歩3分

1. メレンゲがのった「タルトレット・シトロン」680円　2. マンダリンとマンゴーのガナッシュに抹茶を合わせた「パリトーキョー」650円　3. 広尾店内

pâtisserie Sadaharu AOKI paris
パティスリー サダハル アオキ パリ

丸の内のビル街の一角にあるブティック。併設のサロン・ド・テでは、選んだ品をお茶とともにいただける。また、丸の内店だけで買える限定のスイーツもあるので、チェックしよう。

Map P.117-A1 丸の内

千代田区丸の内3-4-1 新国際ビル1F　03-5293-2800　11:00〜20:00　不定休　地下鉄有楽町駅D3出口直結

1. 四角いケーキ「アンディビジュアル」の「サヤ」　2.「チーズ ケーク シトロネ」　3. 種類豊富な焼き菓子が揃う　4. 併設のサロン・ド・テ

PIERRE HERMÉの「イスパハン」は、飲み物になったり、グラススイーツになったりといろいろなアレンジ版を楽しめる。

濃厚ピスタチオムースの中に酸味の心地よいフランボワーズのコンフィチュール

pâtisserie JUN UJITA
パティスリー ジュン ウジタ

碑文谷の閑静なエリアにたたずむ実力派の店。パリの「サダハルアオキ」などで腕を振るってきた宇治田潤が2011年にオープン。

Map P.114-C2 学芸大学

目黒区碑文谷4-6-6　03-5724-3588
10:30〜18:00　月・火　東急東横線学芸大学駅東口から徒歩15分

ムッシュサトウ's eye
とろっとクリーミーなクリームチーズとメイプルのムースに、バターの香りが広がるザクザクのタルト生地が絶品

パリパリのパータフィロ生地が特徴的な絶品モンブラン

魅力的なフランス菓子をSNSで発信！
ムッシュサトウが選ぶ東京のスイーツ

スイーツのすてきな写真をSNSにアップするムッシュサトウが、美しいフランス菓子をセレクト。

ビビッ！ときました！

ムッシュサトウ
パリ在住時より、おいしいフランス菓子をSNSで紹介しているライター。現在は東京から日々発信中。
@sugar_paris

メレンゲとレモンクリームのハーモニーが見事

ムッシュサトウ's eye
スミレとカシスのケーキ「ヴィオレッタ」。甘酸っぱさと甘味、スミレの華やかな香りとが混ざり合う

Café de Nicole
カフェ ドゥ ニコル

高円寺の激推し店。パリの小道にたたずむカフェそのものの外観、外からもうかがえるケーキのディスプレイですべてのパリ好きを虜にする。

Map P.114-B2 高円寺

杉並区高円寺南4-27-7
03-5929-9705　12:00〜19:00　火・水　JR高円寺駅南口から徒歩1分

Pâtisserie Cacahouète Paris
パティスリー カカオエット パリ

ミシャラクの右腕として活躍したシェフ、ジェローム・ケネルと椛澤貴子が営む。フランスの伝統を重視しながらていねいに作られている。

Map P.119-B1 中目黒

目黒区東山1-9-6　03-5722-3920　10:00〜19:00　火、第1・3月曜　東急東横線中目黒駅から徒歩7分

ムッシュサトウ's eye
店名にもなっているカカオエット（ピーナッツ）をふんだんに使った香り高いスペシャリテ

ぷるんぷるんの食感にカスタードの味が懐かしくおいしい

64　「Café de Nicole」のタルトはボリューミーでびっくり。（東京都・たま）

ムッシュサトウ's eye
ひと口食べるとベルガモットの華やかな香りに包まれる。食べ終えたあとの余韻がまたすばらしい

INFINI
アンフィニ

フレンチエスプリを感じる数々のスタイリッシュなお菓子で話題

ラグジュアリーな味わいの「タルトシトロン・ベルガモット」

パリの3つ星レストランで修業経験をもつシェフ、金井史章の店。美しいボール形のガトー「バルファン」(左)がスペシャリテ

Map P.120-C1 九品仏
🏠 世田谷区奥沢7-18-3
☎ 03-6432-3528 🕐 11:00〜19:00 休水 🚃 東急大井町線九品仏駅から徒歩2分

ムッシュサトウが選ぶ東京のスイーツ

Pâtisserie FOBS
パティスリー フォブス

店名は、フランス菓子を作るのに不可欠な素材(小麦粉、卵、バター、砂糖)の仏語頭文字を合わせたもの。店作りへのこだわりがそのままケーキにも表現されている。

DATA → P.78

口溶けの滑らかさが秀逸で、芳醇な香りが特徴のティラミス

お花のような姿がかわいらしい「ジュリーカシス」

ムッシュサトウ's eye
口溶けのいいクリームと瑞々しいイチゴを挟み、見た目以上にイチゴを感じる贅沢なショートケーキ

濃厚なピスタチオのムースリーヌがたまらない「フレジエ」

ムッシュサトウ's eye
カシスクリームの裏にはヘーゼルナッツのクリームが。ひとつで二度おいしい「パリ・ブレストカシス」

RUE DE PASSY
リュー ド パッシー

パリのパティスリーの雰囲気を醸し出す店構え。クラシックなフランス菓子が中心ながら、「RUE DE PASSY」流にモダンに仕上げられている。

Map P.114-C2 学芸大学
🏠 目黒区鷹番3-17-6 ☎ 03-5723-6307 🕐 10:30〜18:30 休水 🚃 東急東横線学芸大学駅西口から徒歩4分

ケーキの内容は季節によって変わるため、目指す一品があるときは、実際に置いてあるか電話で確認してから出かけよう。

65

誰に贈る？ あげたい人別「パリのショコラ」SELECTION

宝石のように美しいパリのショコラ。
プレゼントしたい人別に選んだ、おすすめはこちら！

安定のおいしさと高級感
ラ・メゾン・デュ・ショコラ 丸の内店
ラ メゾン デュ ショコラ マルノウチテン

パリの高級チョコレートの代名詞のようになっている名店。何を選んでも間違いないけれど、プレゼントするなら、ボンボン・ドゥ・ショコラのアソートがおすすめ。高級感のあるパッケージもギフトにぴったり。

Map P.117-A1 丸の内
🏠千代田区丸の内3-4-1 新国際ビル1F ☎03-3201-6006 ⏰11:00～20:00 休1/1～1/3
🚇地下鉄日比谷駅D3出口から徒歩1分

「クリスタル」マルドン産の塩、細かく砕いたナッツ入りのミルクプラリネ

「サルバドール」フランボワーズ風味のダークガナッシュ

人気フレーバーを10種詰合せた「アタンション」10粒入り4104円

for「会社の上司」に
世界的に知られるパリの有名チョコレートブランドは、安定した仕事の質を求める上司への贈り物にぴったり。高評価につながる可能性あり！

誰に贈る？ for「アート好きな友人」に
工房を併設し、チョコレートの製造過程に触れられるこの店のショコラは、ものづくりやアートに深い関心を抱く友人の心を虜にするはず！

パリと東京の工房で手作りされるカカオ豆の風味際立つボンボン・ショコラ

「マンディアン ノワール 75% ミューズリー」2592円

©Pierre Monetta

工房が見られるショコラトリー
LE CHOCOLAT ALAIN DUCASSE
ル ショコラ アラン デュカス

フレンチの巨匠アラン・デュカスの工房を併設したショコラトリー。素材を厳選し、産地ごとに異なるカカオ豆の個性を最大限に生かしたショコラが作られている。ル・サロンではひと味違うアフタヌーンティーを楽しめる。

Map P.115-B3 日本橋
🏠中央区日本橋本町1-1-1 ☎03-3516-3511 ⏰11:00～20:00(L.O.19:30) 休不定休
🚇地下鉄三越前駅B6出口から徒歩2分

デザートサロンで楽しめるアフタヌーンティーセット4950円

チョコレートの種類

ボンボン・ショコラ Bonbon Chocolat
ひと口サイズで、中にはガナッシュやナッツのペーストが入っている。

オランジェット Orangette
オレンジの砂糖漬け（コンフィ）をチョコレートでコーティング。

マンディアン Mendiant
丸くて薄いチョコレートにナッツやドライフルーツをのせている。

66 「LE CHOCOLAT ALAIN DUCASSE」のル・サロンで提供するアフタヌーンティーはチョコ尽くし。要予約です。(東京都・ピカ)

マカロンや焼き菓子もおいしい
JEAN-PAUL HEVIN 表参道ヒルズ店

ジャン ポール エヴァン オモテサンドウヒルズテン

初上陸したときの高級感、繊細なイメージを今も損なうことなく、高品質のチョコレートを作り続けている。マカロン(→P.62)やケーキ、焼き菓子、季節の歳事に合わせたギフトにも定評があり、贈り物のレパートリーが幅広い。

Map P.118-B2 表参道

- 渋谷区神宮前4-12-10 表参道ヒルズ本館1F
- 03-5410-2255
- 11:00〜21:00、日〜20:00
- 不定休
- 地下鉄表参道駅A2出口から徒歩2分

カライブ、サフィルなど人気の詰め合わせ9個入り 3489円

誰に贈る？
for 「大切な家族」に

幼い頃、作ったタルトで家族を喜ばせたというエヴァンのショコラに詰まっているのは、食べた人を幸せにしたいという愛。家族みんなでおいしくいただきましょう。

パリのショコラ

フルーツはイチゴ、ブドウなど季節によって異なる。賞味期限は当日！ 3564円

誰に贈る？
for 「パリ好きの友人」に

賞味期限が1日だったので、今までパリから持ち帰れなかったフルーツタブレット。サプライズであげたら、大喜びされるはず。

クロコダイル柄のボックスに入ったボンボン・ショコラ18個入り7560円

週末のフルーツタブレットをご褒美に
JEAN-CHARLES ROCHOUX

ジャン シャルル ロシュー

イチオシは、パリ本店で「タブレット・サムディ」(土曜日のタブレット)と呼ばれるフルーツタブレット。生の果実をチョコで覆ったもので、東京店でも土曜のみ販売(→P.27)。贈り物と併せて自分用にも購入したい。

Map P.119-A2 表参道

- 港区南青山5-12-3 NOIRビル1F
- 03-6805-0854
- 12:00〜19:00
- 不定休
- 地下鉄表参道駅B1出口から徒歩6分

お花のようなパルフェも人気
PASCAL LE GAC

パスカル ル ガック

パリ近郊サン・ジェルマン・アン・レーに本店を構えるパスカル・ル・ガックさんが2019年東京店をオープン。20〜25種のボンボンと並び、マカロンや生菓子も秀逸。カフェでは花のように美しく仕上げたパルフェ(→P.26)が人気。

Map P.121-A2 赤坂

- 港区赤坂2-12-13
- 03-6230-9413
- 10:00〜20:00、土〜18:00
- 日
- 地下鉄溜池山王駅11番出口から徒歩1分

トリュフ・オ・ショコラ
Truffes au chocolat
ガナッシュを丸めて、溶かした製菓用チョコレート、またはココアで覆ったもの。

タブレット・ド・ショコラ
Tablette de chocolat
フランス語で板チョコのこと。カカオの産地や含有量別など、多彩な種類がある。

誰に贈る？
for 「おしゃれな先輩」に

デザイン性の高いボンボン・ショコラやタブレットは、美意識の高い先輩に。おしゃれなサロン・ド・テに招待するのもオススメ。

ビターガナッシュ ナチュール(左端)など、ボンボン・ショコラ6個のアソート 2700円

PRESENT

aruco 東京シリーズ

aruco国内版発売を記念して、取材中に見つけたカワイイ＆ステキなグッズを**16名様**にプレゼントします！

旅好き女子のためのプチぼうけん応援ガイドarucoから、ついに国内版・東京シリーズが新登場！第1弾ラインアップの4タイトルからとっておきのプレゼントをご用意しました！

たくさんのご応募お待ちしてまーす!!

A aruco東京　**B** aruco東京で楽しむフランス　**C** aruco東京で楽しむ韓国　**D** aruco東京で楽しむ台湾

▲**A-1**「中川政七商店」の渋谷限定・東京限定ふきんセット 1名様

B-1▶「ÉCHIRÉ」の舟形トート(小) 3名様

▲**A-2**「箱長」のワインラック 1名様

▲**C-1**「LINE FRIENDS FLAGSHIP STORE」のカタカナ トートバッグ 4名様

▶**D-1**「娜吉小物」の刺繍ポーチ 6名様

▲**A-3**「carmine design factory!」のポーチ 1名様

※C-1、D-1は柄の指定はできません。※返品、交換等はご容赦ください。

応募方法

アンケートウェブサイトにアクセスしてご希望のプレゼントとあわせてご応募ください！

URL https://www.arukikata.co.jp/guidebook/enq/arucotokyo

締め切り：**2022年7月31日**

当選者の発表は賞品の発送をもって代えさせていただきます。(2022年8月予定)

Gakken

甘い⇔しょっぱい無限ループ！

サレ
Salé
塩味系お供

肉や魚のパテやムース、オリーブのペーストなど、パンと合わせるために作られた塩味系お供。ワインのお供にも最高！

缶詰類は常備！

アペロにも最適、塩味系お供

ポークパテ
Pâté de Porc ……464円 Ⓓ
「Hénaff」のパテの缶詰。豚レバー入りでコクがある。オードブルやおつまみにもぴったり。止まらなくなるので食べすぎ注意

レバーパテ
Pâté de Foie ……324円
「Hénaff」の豚レバーのパテ缶詰。牛乳と生クリームを使ったまろやかなレバーパテ。エシャロット入り

サーモンのムース
Mousse de Saumon & Tomate Séchée ……861円
「Ducs de Gascogne」のドライトマトとポテトフレーク入り
※販売終了。再販未定

アヒルのテリーヌ
Terrine de Canard aux Figues Noires ……648円 Ⓐ Ⓒ
「Hénaff」の瓶詰めテリーヌ。レストランで出てくるような、高級感、手造り感があって満足度大

ブラックオリーブペースト
Pâté d'Olives Noires Tanche ……1728円 Ⓑ
南仏ニョンス村特産の黒オリーブ、タンシェを使った「Maison Brémond 1830」のオリーブペースト

バター
Beurre

日本でも人気上昇中のフランス産バター。有塩（ドゥミ・セル demi-sel）と無塩（ドゥー doux）の2種類があるので、パンの塩味に合わせて使い分けて。

互いの味を引き立てあう、パンとバター

エシレ（無塩）
Échiré doux ……670円 Ⓔ
フランス中西部のエシレ村で、伝統的な木製チャーン（撹拌機）を使って作られている

ガレットに添えても

ボルディエ（有塩）
Beurre Bordier demi-sel ……1660円 Ⓕ
ブルターニュ地方。サン・マロで作られる「ブール・バラット」のバター

無塩もあります

エシレ（有塩）
Échiré demi-sel ……1275円 Ⓔ
代表的フランス産バターとして日本でもよく知られている。日本ではこちらの有塩タイプを好む人が多い

ベイユヴェール（有塩）
Beillevaire Beurre Cru Croquante ……1728円 Ⓖ
大西洋岸ノワールムティエ産。時間をかけてじっくりと撹拌する「ブール・バラット」の製法を守る

「Hénaff」の缶詰パテは、1〜2回で食べ切れるサイズなのが気に入っています。（東京都・谷間のリス）

バゲットが秒でなくなるパンのお供

相性抜群のお供があれば、よりおいしさUPするバゲット。最強の組み合わせはどれ？編集部厳選のお供たちを公開！

シュクレ Sucré 甘味系お供

果物のコンフィチュール（ジャム）や、濃厚なマロンクリーム、キャラメルなど、朝食のテーブルを彩る、甘いパンのお供たち。

ピスタチオクリーム スプレッド
Suprême de Pistache
たっぷりのピスタチオにエキストラバージンオリーブオイルを混ぜ込んだスプレッド
2160円 B

クレモンティーヌ&オレンジコンフィチュール
Confiture Clémentine Corse&Orange
コルシカ特産のクレモンティーヌみかんを使ったジャム。果肉のフレッシュ感が残るさわやかな味わい
2160円 B

朝食が楽しみになる甘味系お供

マロンジャム
Confiture de Châtaigne d'Ardèche
栗の名産地アルデッシュ地方の加工品メーカー「SABATON」のマロンジャム。濃厚な味わいでお菓子作りにもおすすめ
1080円 A

キャラメルクリーム
Caramel
クレープリー「La Fée Délice」の手作りキャラメルクリーム。とろ〜り、なめらか。※内容量、価格は変動あり
1300円 H

マロンクリーム
Marron Cream
マイルドな甘さの「Les Comtes de Provence」のマロンクリーム。飽きのこない味わいで、毎朝の食卓の定位置に
アイスにも合います
530円 D

包装もかわいい！

バゲットが秒でなくなるパンのお供

A Le Grenier à Pain ル グルニエ ア パン →P.68	**D** Picard 神楽坂店 ピカール カグラザカテン →P.76	**G** beillevaire 麻布十番店 ベイユヴェール アザブジュウバンテン →P.75
B Maison Brémond 1830 メゾン ブレモンド イチハチサンゼロ →P.40	**E** ÉCHIRÉ MAISON DU BEURRE エシレ メゾン デュ ブール →P.90	**H** La Fée Délice ラ フェ デリース →P.50
C Bio c'Bon 麻布十番店 ビオセボン アザブジュウバンテン →P.92	**F** L'Épicerie Le Bretagne レピスリー ル ブルターニュ →P.17	パンは何本いるかな

「Maison Brémond 1830」のスプレッドは料理にも使える。アレンジレシピは→P.40

フランスのおやつパンは「ヴィエノワズリー」

フランス人にとって「パン」とは、バゲットや田舎パンなど、料理とともに食べるハード系を指す。クロワッサン、パン・オ・ショコラなどのおやつパンは、「ヴィエノワズリー」と呼ばれる。

本場の味をおうちで楽しむ！
おしゃれなフランスの「おやつパン」

朝食のクロワッサン、フランスの子供たちが大好きなパン・オ・ショコラなど、正統派からアレンジ系まで、おいしくておしゃれなおやつパン、大集合！

ミニ知識
フランスにはマーガリンを使った「オーディネール」というクロワッサンもあるが、日本のブーランジェリーでは見かけない。

三日月形をした朝食の定番。バターの香り、さくさくの食感など、朝から幸せな気持ちにさせてくれる

A.O.P.バターを使用、1枚ずつ折り込んで仕上げた軽い食感のクロワッサン。490円 Ⓐ

フランボワーズのコンポートとライチが中に潜む「クロワッサン イスパハン」540円 Ⓔ

Croissant
クロワッサン

ミニ知識
「コンポート」とは果物を煮たものだが、「コンフィチュール（ジャム）」と比べると砂糖の量が少ないのが特徴。

とろっとするまで煮込んだリンゴをパイ生地で包んだ「ショソン・オ・ポム」360円 Ⓕ

シャキシャキ感の残るリンゴのコンポートをフランス産小麦を使ったパイで包んだ「ショソン・オ・ポム」432円 Ⓖ

リンゴのコンポートなどをくるんだもの。リンゴのボリュームや甘さなど、店によってさまざま

Chausson aux pommes
ショソン・オ・ポム

「Le Grenier à Pain」のショソン・オ・ポムを切ってみると、コンポートが隙間なくぎっしり。

Ⓐ バターにこだわるクロワッサン
Maison Landemaine
麻布台
メゾン ランドゥメンヌ アザブダイ

石川芳美さんとロドルフ・ランドゥメンヌさん夫妻がパリで展開するブーランジェリーの日本1号店。カフェを併設、朝食も取れる。

Map P.121-A2 六本木
🏠港区麻布台3-1-5 麻布台日ノ樹ビル1階 ☎03-5797-7387 ⏰8:00～18:30(L.O.18:00) 🚫不定休、年始 🚇地下鉄六本木一丁目駅4番出口から徒歩6分

Ⓑ ブリオッシュがスペシャリテ
THIERRY MARX LA BOULANGERIE
ティエリー マルクス ブーランジェリー

パリで活躍するシェフ、ティエリー・マルクスのブーランジェリー。「ブリオッシュ・フィユテ」の新作があればチェック！

Map P.119-A1 渋谷
🏠渋谷区渋谷2-24-12 渋谷スクランブルスクエアB2F 東急フードショーエッジ ☎03-6450-5641 ⏰10:00～21:00 🚫施設に準じる 🚇渋谷駅直結

Ⓒ 季節の「エスカルゴ」を試したい
Boulangerie Comète
ブーランジュリー コメット

パリのブーランジェリー「デュ・パン・エ・デジデ」での経験をいかして作る、バリエーション豊富な「エスカルゴ」（秋～春のみ）が人気。

Map P.121-B2 麻布十番
🏠港区三田1-6-6 ☎03-6435-1534 ⏰9:30～18:00、土～17:00 🚫月・火 🚇地下鉄赤羽橋駅中之橋口出口から徒歩4分

「Le Grenier à Pain」でショソン・オ・ポムを買ったら焼き立てアツアツで、迷わずその場で食べました。（東京都・ドゥミ）

ミニ知識
日本では「おやつタイム」といえば15:00だが、フランスでは16:00。"gateaux de 16h(16時のお菓子)"という言葉もある。

サクランボとカスタードクリームの「エスカルゴ（パン・オ・レザン）」390円 **C**

ブリオッシュ生地とアーモンドプードル入りのクッキー生地を合わせたリッチな味わいの「ブリオッシュ・メロン」281円 **B**

「レーズン入りのパン」という意味。カスタードクリームを巻き込み、その渦巻きの形から「エスカルゴ」と呼ぶ店も

Pain aux raisins
パン・オ・レザン

ピスタチオとカスタードクリームのエスカルゴ（パン・オ・レザン）390円

きめ細かな層で造られる「ブリオッシュ・フィユテ」1620円 **B**

フランスの「おやつパン」

良質のバターと卵をたっぷり使って作る。本来はころんとしたダルマのような形だが、いろんなアレンジ版が出ている

フォンダンがけしてしっかり甘い「エスカルゴ・オ・レザン（パン・オ・レザン）」324円 **D**

Brioche
ブリオッシュ

Pain au chocolat
パン・オ・ショコラ

正統派のパン・オ・ショコラ。表面はしっかりしているが、中はやわらかくてバターの風味もいい。280円 **H**

棒状のチョコを生地でくるんで焼いたもの。フランスの子供たちが大好きなおやつパン

ミニ知識
生地でくるむ棒状のチョコは2本だったり1本だったり。バナナを一緒にくるむこともある。ちなみにフランス南西部での呼び名は「ショコラティン」。

ミニ知識
「パンがなければお菓子（ブリオッシュ）を食べれば」はマリー・アントワネットの言葉ではないとされる。

フランス北部地方のブリオッシュ「クラミック」。チョコチップ入りだが甘すぎず、食感もいい。650円 **H**

D 気軽なチェーン店
PAUL 神楽坂店
ポール カグラザカテン

フランスではよく町なかで見かけるブーランジェリーチェーン。買ったパンを併設のカフェで食べることができる。

こちらもチェック → P.18,97

Map P.120-A1 神楽坂
新宿区神楽坂5-1-4 神楽坂テラス1F ☎03-6280-7723 ⓐ10:00〜20:00、土・日9:00〜 ㊡12/30、12/31 地下鉄飯田橋駅B3出口から徒歩5分

撮影：三嶋義秀

E
PIERRE HERMÉ PARIS Aoyama
ピエール エルメ パリ アオヤマ
→ P.60

F
LE TOKYO FRENCH BAKERY ESPRIT
ル トーキョー フレンチベーカリー エスプリ
→ P.69

G
Le Grenier à Pain
ル グルニエ ア パン
→ P.68

H
Aux Merveilleux de Fred
オー メルヴェイユ ドゥ フレッド
→ P.42

ブリオッシュは生地の名前としても使われる。たとえば、ブリオッシュ生地を使ったフレンチトーストなどは、高級感がアップ。

選び方から楽しみ方まで早わかり チーズレッスン

Bon pain, Bon vin, Bon fromage!
「よいパン、よいワイン、よいチーズがあれば、人生は幸せ!」という言葉があるくらい、フランス人とチーズは切っても切れない関係

「ひとつの村にひとつのチーズ」と言われるほど、種類豊富なフランスのチーズ。たくさんあるなかからどれを選べばいい？ 相性のよいものは何？ おいしく楽しむためのコツをお教えします！

チーズの種類

フランスチーズのおもな種類と代表的なチーズはこちら

♥ 相性のよい食材の例　♥ 相性のよいワインの例

青カビ系

Roquefort ロックフォール
羊乳を使った世界三大ブルーチーズのひとつ。塩分が強く、ピリッとした刺激があるのが特徴
♥ クルミ、ドライフルーツが入ったパンに載せて
♥ ソーテルヌ Sauterne など甘口ワイン

シェーヴル

ヤギ乳で作るチーズ。小型のものから円錐形、ピラミッド形など、形はさまざま
♥ 酸味が強く、ジャムやハチミツを添えるとマイルドに
♥ サンセール Sancerre、トゥーレーヌ Touraine など、ロワールのさわやかな白

Crottin de Chavignol クロタン・ド・シャヴィニョル

Chabichou du Poitou シャビシュー・デュ・ポワトゥ

Galet de la Loire ガレ・ド・ラ・ロワール
表面を塩水やアルコールで洗って熟成させる。匂いは強いが、中身はクリーミー。ガレ・ド・ラ・ロワールは「水」で洗う珍しいチーズ

羊乳チーズ

Ossau-Iraty オッソー・イラティ
羊の乳を使ったバスク地方のセミハード系のチーズ
♥ ブラックチェリージャムを添えると風味が引き立つ
♥ ラングドックなど南西部の赤ワイン

ハード、セミハード系

Comté コンテ
プレスして水分を抜いた硬質のチーズ。ナッツのような風味がある。長期間熟成すると濃厚な味わいに
♥ 野菜との相性がよく、ダイス状にしてサラダに
♥ コンテなら、故郷ジュラ Jura の白ワイン

白カビ系

Brie de Meaux ブリ・ド・モー
牛乳から作り、クセがなく食べやすい、フランスチーズの代表格
♥ 皮がパリッとしたバゲットに挟んでサンドイッチに
♥ コート・デュ・ローヌ Côte du Rhône など軽めの赤

ウォッシュ系

Epoisses エポワス
♥ アルザス地方のマンステルはクミンシードを合わせて
♥ エポワスにはブルゴーニュのコクのある赤。マンステルにはアルザスの甘口の白

知ればもっと好きになる! チーズの基本 Q&A

Q チーズにも格付けがあるの？

チーズにもワインと同様に「A.O.C.原産地呼称統制」またはEU基準の「A.O.P.原産地呼称保護」の格付けがある。ロックフォールチーズは、ロックフォール・シュル・スールゾンの洞窟の中で熟成させたものでなければ、その名を名乗れない。

Q 季節によって味が変わるの？

チーズにも「旬」がある。牛が食べる牧草によって味が変わるので、お店で買うときに食べ頃のものは何か聞いてみよう。9〜5月の一定期間しか販売されない「モン・ドール」のようなチーズもある。

Q 食べきれないときはどうすれば？

チーズは加熱することで、新たな味を楽しめる。シェーヴルチーズを温めてサラダに、また少し固くなった場合は、おろしてオニオングラタンスープにしても。

撮影協力：Fermier愛宕店

♥ ヤギ乳のチーズが苦手だったのですが、ハチミツを添えたらクセがなくなり、食べやすくなりました。（千葉県・茶良）

もっともっと！チーズを楽しむ

ショッピングから料理まで、チーズの魅力を味わい尽くそう！

本場のチーズを買うなら

農家製にこだわる老舗専門店

Fermier 愛宕店
フェルミエ アタゴテン

ナチュラルチーズの普及に大きく貢献してきた老舗チーズ専門店。「フェルミエ」とは「農家製の」「手作りの」といった意味をもつ。生産者の思いを大切にしながら紹介することをモットーとしている。

1. 約150種類ものチーズを扱い、その半数はフランス産 2. チーズに合わせるために作られたジャムも。例えばカマンベールにはアプリコットなど 3. 6種類のチーズを詰め合わせたセット2160円 4. さまざまな種類の瓶詰めオリーブ 5. 一番人気はコンテチーズだそう

Map P.115-B3 虎ノ門
🏠港区愛宕1-5-3 愛宕ASビル1F ☎03-5776-7720 ⏰12:00〜19:00、土11:00〜18:00 休日・祝、年末年始 🚇地下鉄虎ノ門ヒルズ駅A1出口から徒歩5分

料理で楽しむなら

ラクレットをサヴォワのワインで

Fromatique
フロマティック

フランス東部サヴォワ地方の郷土料理であるラクレット（1650円〜）やチーズフォンデュ（1980円〜）を珍しいサヴォワ地方のワインと合わせていただける。石畳の路地に設けられたテラス席も人気だ。

1. フランス直輸入のラクレットオーブンで温め、とろとろになったチーズをパンやジャガイモにからめていただく 2. フレーバーを変えて楽しめるフォンデュ 3. 屋外石畳ガーデン席が人気 4. 支配人の小澤錠さん

石畳ガーデン席はワンちゃん同伴で楽しめます

Map P.120-A2 飯田橋
🏠新宿区神楽坂2-10-23 ☎03-3267-1717 ⏰11:30〜23:00（L.O.22:00）休無休 🚇地下鉄飯田橋駅B3出口から徒歩1分

チーズのお菓子なら

パリの人気店が日本進出

beillevaire 麻布十番店
ベイユヴェール アザブジュウバンテン

高品質の発酵バターやチーズで知られるブランドが、パティスリーとフロマージュリー（チーズ専門店）の複合店としてオープン。チーズ菓子はもちろん、バターも販売している。

1. 日本第1号店 2. 発酵バターとチーズを使ったソフトクリーム 3. ガトー・フロマージュ・ミ・キュイ・ハーフサイズ。1944円

beillevaireは発酵バターのブランドとしても有名。有塩、無塩、海藻入りなどを買うことができる

Map P.121-B2 麻布十番
🏠港区元麻布3-11-8 ☎03-6447-5471 ⏰10:00〜21:00 休無休 🚇地下鉄麻布十番駅4番出口から徒歩4分

早わかりチーズレッスン

「beillevaire」の発酵バターはフランス西部の小さな村マシュクールのアトリエで造られ、シェフたちからも愛用されている。

75

冷凍食品スーパー「Picard」で時短簡単おうちフレンチ

このロゴが目印！

BIO野菜のラタトゥイユ
南仏定番の野菜の煮込み。735円

種類豊富でおいしい「Picard」の冷凍食品。簡単調理で、今夜はフレンチディナー！

フランス南西部産鴨肉のコンフィ
鴨の脂でじっくり煮込んだモモ肉。1599円

食いしん坊のミニエクレア
ピスタチオなど4種類のフレーバー。1599円

ミニバゲット
食べきりサイズがうれしい2本入りバゲット。376円

前菜からデザートまで揃う

「Picard」の品揃えは、野菜や肉などの素材から、調理された料理まで多彩。いろんな組合せを楽しめる。

食前のおつまみ4種類のミニパイ
乾杯しながら軽くつまみたいサクサクのパイ。735円

レモンクリームのメレンゲタルト
レモンカスタードの酸味がさわやかなデザート。843円

「Picard」ってどんな店？
フランス全土にある冷凍食品専門店。グルメなフランス人も認めるラインアップ！

「Picard」の利用の仕方
冷凍食品を買うのだから、保冷バッグが必須。大きめがおすすめ！

エコバッグは保冷機能付き

マークの説明
新商品やベジタリアン向けなど、わかりやすく表示している

肉コーナー Les viandes
野菜コーナー Les légumes

「スタッフのお気に入り」がおすすめコメント付きで

朝食もPicardで

Picard 神楽坂店
ピカール カグラザカテン

関東圏に15店舗

神楽坂の商店街にあり、観光客が立ち寄ることも。買ってすぐ帰宅できないときは、配送サービス（有料）を利用できる。

Map P.120-A2　神楽坂
新宿区神楽坂2-11-2　03-3235-4087　10:00～22:00　無休
地下鉄飯田橋駅B3出口から徒歩1分

本場フランスの味を手頃な値段で味わえます。毎月6のつく日はクロワッサンがお得。（SARAH）

冷凍食品で本格フルコース！

お料理初心者さんもOK。
あっという間に"おうちフレンチ"が完成〜！

調理方法は4つ！
1. 自然解凍
2. 電子レンジ調理
3. オーブン調理
4. 鍋、フライパンで

いい香り〜♪

ラタトゥイユはレンチンでもOK。必要な分だけ解凍して残りはとっておいても

フライパンで加熱

湯煎で失敗なし！
フライパンや湯煎で加熱するものはレンチンも可能。パッケージの調理時間の目安を参考に

冷蔵庫で戻します

お皿に取り出して冷蔵庫で解凍するだけ。半解凍でもおいしい〜

「Picard」で時短簡単おうちフレンチ

Before → After

パッケージに書かれた温度、時間で焼くだけ！オーブントースター対応品もある

焼き上がりました！

完成！

鴨のコンフィは軟らかく、思ったより脂っこくなくて食べやすい。湯煎するだけなので、ゴミ処理も簡単！（編集S）

雪をのせたようなレモンパイのメレンゲが、オーブンで焼くとこんがり。さわやかなレモンクリームも◎（編集Y）

Bon appétit!

「Picard」さんに聞きました！
ほかにもこんなオススメが
簡単に作れてフランスらしい商品をご紹介。

サーモンのブーシェ
ひと口サイズのアペリティフ。解凍するだけでいただけます

サーモンのパイ包み焼き
見た目も華やかな一品。焼くだけでお料理上手になった気分に

エスカルゴのブルゴーニュ風
パセリとガーリックを効かせた定番フレンチ

オペラ
パリの菓子店が考案したといわれるケーキ。3つのサイズが揃っています

「Picard」のウェブサイトには商品を使ったさまざまなレシピが掲載されていて便利。URL www.picard-frozen.jp

欲しいものが
ありすぎ〜

おうちで愛でたい♡ かわいいフランスを お持ち帰り！

雑貨や食器、おしゃれ文具にフレグランスも♪
いつだってフランスを身近に感じていたい！
そんなあなたに、毎日の暮らしを華やかにしてくれる
キュートなフレンチグッズをarucoが厳選！

お部屋をパリ
すてきな

定番のテーブルウェア、オン
持っているだけで気持ちが
おしゃれなフレン

とのさんの愛犬バブー
に継ぐ副店長ヨーク君

ワンちゃん同伴で楽し
めるカフェスペース

店長の
柳屋順子さん

定番のパリ雑貨が揃う
ぼわっと

「ぼわっと」とは「boîte（箱）」のこと。パリ在住のフォトエッセイスト、とのまりこさんがプロデュースするフレンチ雑貨の店。「パリに行ってきたの？」と言われそうなかわいいパリグッズがいっぱい！

Map P.114-B1 西荻窪

1. ジャクソンズのジュートバッグ「Merci」1万1900円
2. 絵皿 3080円 3. ピックセット 1790円 4. カフェ・オ・レ・ボウルMサイズ 3990円 5. 昔の広告をあしらった缶トレー 750円 6. Nachのリング 9800円〜

🏠 杉並区西荻北4-5-24 1F
📞 03-6762-7500 🕙 10:00〜19:00 休火 🚇 JR西荻窪駅北口から徒歩7分

ここでしか買えない点ものの商品も多い

パリ市公認のヴィンテージ「よくできましたカード」

ツェツェ・アソシエの「なまけものの花器」3万8800円

ペン先がエッフェル塔

1. Carlottaのミニプレート 2750円 2. ナタリー・レテのコンパクトミラー 770円 3. エッフェル塔のペン先 3080円 4. mini laboのピンブローチ 2750円

クリエイターの作品をセレクト
galerie doux dimanche
ギャラリー ドゥー ディマンシュ

国内外のアーティストのサポート活動を行うジュウ・ドゥ・ポゥムが運営。インテリア雑貨など、フランスを中心にしたクリエイターの作品をセレクト、ヴィンテージ雑貨とともに販売している。

ショップマネージャーの志岐梨緒さん

Map P.118-B2 表参道

🏠 渋谷区神宮前3-5-6 📞 03-3408-5120 🕙 12:00〜18:00
休月・水・金 🚇 地下鉄表参道駅A2出口から徒歩5分

80 「galerie doux dimanche」ではクリエイターの展覧会が行われ、今のパリを感じられます。（東京都・もん）

色に染める
フレンチ雑貨

リーワンのデザイン雑貨、上がり、暮らしが華やぐチ雑貨はこちらで。

「CORAL&TUSK」のクッション 1万4850円〜（カバーのみ）

「ASTIER de VILLATTE」のすずらんのサイドプレート1万2320円

「ASTIER de VILLATTE」
18世紀のパリの手工芸を継承する陶器工房。パリ近郊で採れる土を使い、Made in Parisにこだわる。

ツェツェ・アソシエの代表作「四月の花器」

アート感を演出するアイテム多数

H. P. DECO
エイチ ピー デコ

広い店内には、コンセプトである「アート感のある暮らし」を実現するためにセレクトされたインテリア雑貨が並ぶ。なかでも「ASTIER de VILLATTE」の商品は人気が高い。

Map P.118-B2　表参道
渋谷区神宮前5-2-11　℡03-3406-0313　⏰12:00〜19:30　休水　地下鉄表参道A1出口から徒歩3分

インテリアのお手本になりそうなディスプレイ

芸術性の高い「ASTIER de VILLATTE」

すてきなフレンチ雑貨

パリのライフスタイルを伝える

quatre saisons tokio
キャトル セゾン トキオ

1968年パリに誕生した生活用品店「キャトル・セゾン」の日本1号店。「自然を感じながら豊かに住まうパリの暮らし」をコンセプトに、キッチン用品、インテリア雑貨などを扱っている。

Map P.120-B1　自由が丘
目黒区自由が丘2-9-3　℡03-3725-8590　⏰11:00〜19:30　休不定休　東急東横線・大井町線自由が丘駅正面出口から徒歩3分

1. 昔パリのビストロで使われていた食器を復刻したという「オールドメニュー」のディナープレート1320円　2. トリコロールの組みひもがかわいい「メイドインパリ」のトワレ1320円〜　3. フランス柳の花摘みバスケット4400円　4.「ポルカ」のグローブ1650円

毎月ディスプレイ替えを行っている店内

「quatre saisons tokio」の外壁にはジャン・コクトーの言葉が。創業者前川嘉男がフランス文学者だったことに由来するそう。

ホーローポットは1万4000円～

赤ずきんのおままごと小皿 各5390円

ホーローの品揃えが充実している

ちゃんと動くトイミシン 2万4200円

Mignon!

キャニスターは2個セット1万5400円～

ガーリーな世界観が隅々まで

Torico-lore
トリコ ロール

フランスで買い付けた名品がずらり！
こだわりのアンティーク&雑貨店へ

オーナー自らが選び、取り寄せた品々が並ぶアンティークショップ。店いっぱいに置かれたなかから、掘り出し物を見つけるのも楽しみ。

ピンク系でまとめてみました

レードル(玉杓子)を掛けるレードルラック、ガーデニングなどにも使える

古い紙もの、ポストカードは880円～

置き方、飾り方の参考になりそう

サルグミンヌのカップ&ソーサー

『東京アリス』などの作品で知られる漫画家の稚野鳥子さんがオーナー。自らパリで買い付けた陶器、インテリア雑貨などフレンチガーリーな品々が並ぶ。なかでもホーローのコレクションは群を抜くすばらしさ。

Map P.119-C2
恵比寿

🏠 渋谷区恵比寿南2-25-12　📞 03-6712-2208　🕐 12:00～19:00　❌ 不定休　🚇 JR恵比寿駅西口から徒歩10分

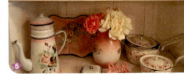

「私の好きなもの」というニュアンスが込められた店名。その名のとおり、オーナーが惚れ込んだフランスブランドのテーブルウェアや雑貨がずらり。日常生活で使える品が多いのも魅力だ。

Map P.121-C1
目黒
🏠 目黒区下目黒5-1-11
☎ 03-3716-1095
🕛 12:00〜18:00（予約制） 休 水・木
🚃 JR目黒駅西口から徒歩17分

毎日の暮らしを彩ります

1. ラ・ロシェールのワイングラス「ヴェルサイユ」1210円
2. 色使いがフランスらしいリネン類
3. テーブルまわり中心の品揃え

ミニ知識
「ジアン」の陶器
1821年創業、フランスを代表する陶器ブランドのひとつ。名家の家紋入りオーダーメイドで広く知られるように。

「ジアン」のコレクション「アントワネットポワソン」

博物館所蔵の絵皿をブリキで再現!

「オーバンマリー」のブリキプレート 2530円

こだわりのアンティーク&雑貨店へ

Classic!

季節に合った造花のブーケも

トレイのようにプレートを使っても

普段使いができる雑貨も

キッチンを彩る小物たち集合!

生牡蠣を置くのにもよさそう

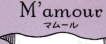

すてきなテーブルウェアが見つかる

M'amour
マムール

花関係の雑貨は外に置いてある

フランスブランドのポーチ 3245円

アンティーク&雑貨店には膨大な数の商品が置かれている。ウェブサイトで欲しいものをチェックしてから行こう。

Précieux!

1. 一点物のアクセサリー類3300円〜
2. ジュエリーは1960年代〜80年代のものが中心
3. グラス以外にもクリスタル製品を多数扱っている
4. 照明を変えると部屋が華やかに

素材や年代はお店の方に確認

豆知識 「オールドバカラ」
フランスを代表するクリスタルメーカー「バカラ」。19世紀から続く「オールドバカラ」は、カットがより繊細。

買い物の後はカフェでひと息

地下では古い映画のポスターも販売

Majorelle マジョレル

オールドバカラが充実

パリの蚤の市
パリでは週末に3つの蚤の市が開かれている。観光客が行きやすいのは「ヴァンヴの蚤の市」。カフェ・オ・レ・ボウルや灰皿など、パリらしいレトロな雑貨も見つかる。

バカラのグラスで!

19世紀後半〜20世紀前半のフランスアンティークを中心に、テーブルウェアから照明、家具まで、オーナーの木田晶子さんが収集した品々が並ぶ。なかでもオールドバカラのコレクションがすばらしい。

Map P.114-C2 下馬

🏠世田谷区下馬2-6-14 ☎03-5787-6777 ⏰11:30〜18:00 休火・水、年末年始、夏季休暇 🚃東急田園都市線三軒茶屋駅南口Aから徒歩15分

L'heure du thé

5. 店に併設されたカフェではランチを取ることもできる
6. 人気の高い自家製プリン

バカラのシャンパンクープでいただける「Majorelle」名物のプリンは、バニラの香りが濃厚でおいしかったです。（千葉県・アルクール）

オリジナルデザインから定番まで
フランス生まれのステーショナリー

カラーバリエーションが豊富なフランスの文房具はマニアでなくてもチェックしたいアイテムがいっぱい。心がときめく出合いを求めて、フレンチ文具の世界へ。

毎日がより楽しくなる文房具

パリ発オリジナル文房具
PAPIER TIGRE

2017年に日本に上陸したパリの人気ブランド「PAPIER TIGRE」。オリジナリティと楽しさあふれるアイテムをチェック！

大統領府「エリゼ宮」とコラボ

オランジュリー美術館とコラボ

A5ノート 1540円

リサイクル素材を使い、手触り、書き心地にもこだわったA5サイズのノート。コラボアイテムとしても人気が高い、定番アイテム

仏流カラーコーデがすてきな「紙もの」

ラッピングペーパー 660円

鮮やかな色使いのラッピングペーパー。ギフトラッピングはもちろん、箱を包んでカルトナージュにしたり、ブックカバーにしたりと自由にアレンジできる

プリポスタル 3190円

20枚セットになったシート。便箋としてメッセージを書いたあと、ガイドに従って折りたたむと封筒に変身。切手を貼れば投函できる

投函できる折り紙？"プリポスタル"

ペンがさせます

ノートとペンホルダークリップ

ノートに取り付けられるペンホルダークリップ。ノートだけでなくペンもお気に入りをお供に

ノート 2970円
ペンホルダー 660円

86　「PAPIER TIGRE」は売り切ったら追加生産をしないので、気になる商品は早めにゲットしよう。（神奈川県・KAZU）

フランス人ならみんな知ってる 定番の文房具

ダイアリー 1980円
「クオバディス」とコラボした4月始まりのダイアリー。人気のパターン「メモリー」と「タイル」を使ったカバー付き

配色がおしゃれ

鉛筆 385円
2トーンカラーの組み合わせの鉛筆は、立てておくだけでデスク周りが華やぎそう。PAPIER TIGREのロゴが入っているのもおしゃれ

シャープペン 660円
3種類ある淡い色合いのカラーコンビネーションがすてきなシャープペンシル。おどけたデザインの替芯と一緒に

ビックのボールペン Ⓐ 88円
使いきりボールペンの先駆者ビックが1961年に発売したロングセラー。黒赤青の3色がある。なめらかな書き心地とプチプラで、日常使いにぴったり

ステーショナリー

クレールフォンテーヌのノート Ⓑ 250円〜
逆三角形のロゴが目印

フランスでは学校で使い始めて、大人になっても使い続ける人が多い定番ノート。インクで書いてもにじんだり、裏に透けたりしにくい

ユニークなデザインのアクセサリー

ステイプラー 1980円
顔のようにも見える、遊び心が感じられる2トーンカラーのステイプラー

替針もセットでどうぞ

ウェブカメラカバー 550円
商品は文房具に限定されない。例えば、パソコンやスマホの内蔵カメラ用のカバーなど、オンラインミーティング時に役立つアイテムも販売

のり 440円
フランスの老舗接着剤メーカーCléopâtre（クレオパトラ）とのコラボアイテム。アーモンドの香りがするポップなのりが誕生

ロディアのブロックメモ Ⓐ 220円〜
世界中にファンがいるブロックメモは、筆記具を選ばない書きやすさ。紫色の5mm方眼紙と切り離しやすいミシン目付きが特徴

ここで買えます！

Ⓐ **DELFONICS 丸の内** デルフォニックス マルノウチ
パリのルーヴルにも支店があるステーショナリーメーカー「DELFONICS」のセレクトショップ。丸の内店ではフランスブランドのペンやレターセットも見つかる

Map P.116-B1 丸の内
🏠千代田区丸の内1-5-1 新丸の内ビルディング1F ☎03-3287-5135 🕐11:00〜21:00、日・祝〜20:00 ※施設に準じる 🚇JR東京駅丸の内中央口から徒歩1分

Ⓑ **欧明社 リヴ・ゴーシュ店** オウメイシャ リヴ ゴーシュテン
→P.14

遊び心あふれる文房具
PAPIER TIGRE
パピエ ティグル

ジュリアン・クレスペルとマキシム・ブレノンが2012年パリで設立したブランド。名前には、紙（パピエ）は弱いが、デザインを施すことで虎（ティグル）のような強さをもつという意味を込めた。

Map P.115-B3 水天宮
🏠中央区日本橋浜町3-10-4 ☎03-6875-0431 🕐12:00〜19:00 休月・火 🚇地下鉄水天宮駅A5出口から徒歩7分

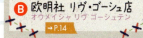

パリの紙製品ブランド「G.LALO」は美しいレターツールで有名。「DELFONICS 丸の内」で購入できる。

アルガンオイルが入った、ネロリ、エスプリ ド テ、アグリュームのハンドクリーム。各1760円

名刺入れに

名刺入れや財布に入れて楽しめるカードフレグランス（5枚入り）。2750円

物語のある香り

ESTEBAN GINZA
エステバン ギンザ

保湿に

イリスカシミア デコラティブ キャンドル
火を灯すことで香りが広がる。5500円

リビングに

インテリアフレグランスのアイデアに富んだ「ESTEBAN」のアイテム。なかでも天然のラタン（藤）を使った「ラタンブーケ」は大人気のリードディフューザー。デザインの種類も多く、部屋の雰囲気に合わせて選べる。

Brand History
1979年、ジャン・マックス・エステバンが創立したブランド。旅で出会った感動の記憶を、インテリアのなかで使うフレグランスとデザインで表現し続けている。

イリスカシミア デコラティブ ラタンブーケ
リフィルを交換して使えるホームフレグランス。7150円

寝室に

Map P.117-B2
銀座
中央区銀座4-9-1
03-3541-3451
11:00〜19:00
年末年始　地下鉄
銀座駅A12出口、東銀座駅A2出口から徒歩3分

お気に アロマで フランスか 香りの

フランス人にとって、身につけるだけでなく、暮フランスの「香り」

リビングに

11種類の香りのバリエーションがあるキャンドル。「ひとことも言わずに」など、物語性のある名前が付いているのもユニーク。80g 4950円〜

パリ発のフレグランスメゾン日本1号店

D'ORSAY 青山本店
ドルセー アオヤマホンテン

香りの種類を揃えたいオードトワレ。10ml 6600円〜

ボディフレグランス

好きな場所で

いつでも香りを楽しめる携帯可能なビーズディフューザー。2万4200円〜

それぞれの香りに「誰にも見えないところ」など詩的なタイトルが付いているのが特徴。タイトルから想像力を働かせて選ぶのも楽しい。香水を用いて友人の人柄を描いたといわれるドルセー伯の芸術センスが感じられる。

Map P.118-B2　表参道
港区南青山3-18-7
03-6804-6017
12:00〜20:00
年末年始
地下鉄表参道駅A4出口から徒歩2分

Brand History
19世紀前半に生きたアルフレッド・ドルセー伯の美意識、創造性をもとに生まれたフレグランスメゾン。香りは偉大な芸術家たちからインスピレーションを得て作られている。

「ESTEBAN GINZA」のカードフレグランスは、ちょっとした小物にも香りを付けられて、おすすめです。（東京都・静香）

ローズハンドクリーム
プロヴァンスの契約農場で朝摘みされたバラを使用。
30ml 1540円

保湿に

チェリーブロッサム
ソフトハンドクリーム
甘酸っぱい香りを楽しみながら、しっかり保湿。
30ml 1540円

保湿に

カフェ&スパ併設のコンセプトストア

L'Occitane Omotesando
VOYAGE SENSORIEL

ロクシタン オモテサンドウ ヴォヤージュ センソリアル

Brand History
創業者オリビエ・ボーサンが、自家製エッセンシャルオイルをマルシェで販売したのがブランド誕生のきっかけ。南仏のライフスタイルとリンクしたブランドとして世界的に知られる。

陽光あふれ、花々が咲き誇る南仏プロヴァンスで生まれ、日本でも親しまれているブランド。表参道店は、カフェとスパを備えたコンセプトストアで、南仏の自然素材を使ったトリートメントなども体験できる。

スキンケア

イモーテル
リセット トリプル
エッセンス
朝焼けのような3層のオイルインウォーターの高機能化粧水。
150ml 9900円

リラクゼーション

ヴァーベナ
オードトワレ
南仏プロヴァンスを代表するハーブのひとつ「ヴァーベナ」を使った人気商品。
100ml 6820円

Map P.118-B1 表参道
渋谷区神宮前4-29-4 榎本ビル1F
03-6721-0830
11:00～20:00
不定休
地下鉄明治神宮前駅5番出口から徒歩1分

お気に入りのアロマでリラックス

入りのリラックスら届いた贈り物

香水は身近な存在。らしのなかでも楽しめるに親んでみては。

砂時計型ディフューザー。反転させると香りがゆっくり広がる。2万4200円

リビングに

ボディフレグランス

オードパルファン
オルフェオン
diptyque創業60周年を記念し、創業の年にパリに実在したナイトバーの名からとられた。75ml 2万3100円

Brand History
1961年、パリのサン・ジェルマン大通り34番地で、3人のアーティストによって創設されたメゾン。最初の店の造りから、2枚折りの絵屏風を意味する「ディプティク」の名が付けられた。

定番のフレグランスキャンドル「ベ」は、カシスの実（baies）を思わせるフルーティな香り。
190g 8800円

リビングに

パリで誕生したフレグランスメゾン

diptyque AOYAMA

ディプティック アオヤマ

花や果物、スパイスなどの香りを調合したフレグランスキャンドルが50種類以上揃い、ファンの多いメゾン。グラフィカルな文字が書かれ、物語性の高いラベルは、インテリア小物としても人気だ。

Map P.119-A2 表参道
港区南青山5-6-15　03-6427-3473
11:00～20:00　無休
地下鉄表参道駅B1出口から徒歩2分

渋谷スクランブルスクエア店 → P.103

「diptyque」の「ソリッドパフューム」は、リフィルを詰め替えることができる、サステナブルでエコな香水。

フランス発、食の専門店でグルメショッピングを楽しむ

毎日使うものだからこそ、品質のよいものを。そんなこだわり派は、グルメな専門店へ！

バターを使ったお菓子も人気

クロワッサンやスイーツも人気
ÉCHIRÉ MAISON DU BEURRE
エシレ メゾン デュ ブール

フランス中西部エシレ村で生産されるA.O.P.認定発酵バターの専門店。ここでしか買えない限定スイーツも人気で、2021年6月からはバターの風味高い焼き菓子「ケーク・オ・ブール・エシレ」の販売を開始した。

Map P.116-C1 丸の内
- 千代田区丸の内2-6-1 丸の内ブリックスクエア1F
- 10:00～19:00　不定休
- JR東京駅丸の内南口から徒歩5分

エシレ・パティスリー オ ブール → P.63、95、103

1. クリームの半量にエシレを使った「ガトー・エシレ ナチュール」。5400円
2. ポプラの木のバスケット入り250g。3014円
3. ヨーグルトのような酸味があり、口当たりはクリーミー
4. エシレ・ココット。ロゴ入り（左）1650円、レッド（右）2750円
5. 人気があるので時間には余裕をもって

豊富なバリエーションから選べる
OLIVIERS&CO 恵比寿店
オリヴィエ アンド コー エビステン

フランスでは一流シェフも愛用しているというオリーブオイルブランド。合わせる料理やおすすめの使い方を相談しながら選べる。種類が多くて迷ったらテイスティングも可能。

Map P.119-C2 恵比寿
- 渋谷区恵比寿4-20-5 恵比寿ガーデンプレイス エントランスパビリオン
- 03-6455-6915
- 9:30～19:00（L.O.18:30）
- 1/1
- JR恵比寿駅東口から徒歩5分

総菜やサラダも食べられる

1.2. アロマティックオイルは気軽に使いやすい。100ml 1620円～
3. パンに塗るとおいしいペーストなど。100g 1620円～
4. 極上のエキストラバージンオイルは贈り物にも。250ml 3780円～

「OLIVIERS&CO」のオリーブオイルは香りがよくてびっくり。料理好きな友だちにプレゼントしました。（東京都・ローザ）

美しい陳列棚もフランス製

Les Abeilles Minamiaoyama

レザベイユ ミナミアオヤマ

本物のハチミツを提供

パリのハチミツ専門店「Les Abeilles」より、日本で唯一直輸入している店。できる限り手を加えず「Miel(仏語でハチミツ)」本来の形を大切にした、極めて純度の高いハチミツを販売している。

Map P.118-B2 表参道

⌂港区南青山3-15-2 ☎03-6804-3667 ⏰11:00～19:00 休月・日・祝 🚇地下鉄表参道駅A4出口から徒歩4分

食の専門店でグルメショッピングを楽しむ

1. 量り売りもあり 2. オーナー山﨑泉さんのよいものへのこだわりは棚にも 3,4,5. 瓶は100g、250g。100g 1300円～ 6. ハンドクリーム3630円 7.「フェーヴ(お菓子に隠す磁器)」も販売

レストラン内のトリュフ専門店

一番人気のトリュフ塩

Artisan de la Truffe Paris Tokyo Midtown

アルティザン ドゥ ラ トリュフ パリ トウキョウ ミッドタウン

高級食材トリュフの専門レストラン。そのブティックでトリュフ入りの塩が買える。家庭では肉や卵料理のほか、おにぎりに使うのもおすすめとか。ひと振りで別格の味わいに!

Map P.121-A2 六本木

⌂港区赤坂9-7-4 東京ミッドタウン ガーデンテラス1F D-0118 ☎03-5413-3830 ⏰11:00～20:00(L.O.19:00) 休東京ミッドタウンに準じる 🚇地下鉄六本木駅直結

1. サマートリュフ入りゲランドの塩。60g 1944円 2,3. 希少価値の高いトリュフをふんだんに楽しめるレストラン。ランチ2750円～

グルメな専門店めぐりを楽しめる

「虎ノ門ヒルズビジネスタワー」

2020年6月に開業した、地上36階建ての「虎ノ門ヒルズビジネスタワー」は、オフィスと商業施設が入居する複合施設。1階には、フランスワインの専門店や「ラ・メゾン・デュ・ショコラ」、「LE CAFÉ LA BOUTIQUE de Joël Robuchon」などスイーツの店も入り、手みやげを探すときなど、質の高いものがきっと見つかるはず。

Map P.115-B3 虎ノ門

⌂港区虎ノ門1-17-1 🚇地下鉄虎ノ門ヒルズ駅直結

1. カーテンウォールに覆われ、環境にも配慮した設計 2. 1階にあるバターとチーズのフランスブランド「beillevaire」

「Les Abeilles Minamiaoyama」はカフェを併設。パリでよく見かける生のオレンジ搾ったジュースも。

パリ発のオーガニックスーパーで見つけた日常使いのMade in France大集合！

オーガニックに対する関心が高いフランスで生まれた、スーパーマーケット「Bio c'Bon」。膨大な商品のなかから、暮らしにとり入れたくなるフランス製品を、まとめてピックアップ！

食品 ALIMENTATION

ビオセボン直輸入

Grandeur Nature
24時間かけてゆっくりと混ぜて作る昔ながらのチャーン製法で仕上げた発酵バター。ゲランドの塩入り。
125g 886円

各754～862円
ビオセボン直輸入

LE MOULIN DU PIVERT
「ムーランデュピヴェール」のオーガニックビスケットとパイ。100％ヴィーガンもあり

各180g 1059円
ビオセボン直輸入

Paysan BRETON
滑らかな質感とふんわりとした食感で食べやすい定番の白カビチーズ

赤ちゃん用ビスケット
「ベビービオ」のベビー用ビスケット。「ヘーゼルナッツ」(上)、「レモン」(下)
各702円

数種類組み合わせセットも

125g 993円

125g 659円

ゲランドの塩
成分無調整、自然の力で海水を結晶化させ、伝統的な手作業で集められる塩

250g 646円
ビオセボン直輸入

DESTINATION
持続可能な農法で作られたコーヒー。カジュアルな価格もうれしい

125g 322円

SAVEURS ATTITUDES
フランスの豊かな食文化を象徴する「サヴール・アチチュード」のジャム。チーズ用もある

ビオセボン直輸入

各100g 756円

各250ml 658円

ビール
ロースト麦芽を使った「アンバー」(左)、オレンジピールやハーブを加えた「ブランシェ」(中)、珍しい「グルテンフリー」(右)

コスパ、味ともに優等生

750ml 3520円

ビオワイン
「Bio c'Bon」ワインスタッフがいちおしのコート・デュ・ローヌ白ワイン。アクアパッツァに合うそう

チューブ調味料
唐辛子を使った辛口ペーストの「ハリッサ」(左)、タイム、ローズマリー、オレガノなど定番ハーブをミックスした「プロヴァンスハーブ」(中)、黒オリーブにケッパー、ガーリックなどを加えた「ブラックタプナード」(右)

チューブ調味料は、料理に少し加えるだけでなんちゃって南仏料理に。重宝しています。(東京都・ミストラル)

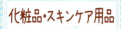

化粧品・スキンケア用品
BEAUTÉ

LA CORVETTE
地中海沿岸産オーガニック由来のオリーブオイルと天然シアバター、ロバミルクを配合したハンドクリーム

30ml 770円

お肌を優しくケアします

150ml 2750円

B com BIO
フランスの薬局で人気のある「ビーコムバイオ」のスキンケア用品。「ミセラウォーターモイスチュア」(左)は3 in 1化粧水。「クレンジングフォーム」(中)、「クレンジングミルク」(右)

400ml 3190円
200ml 2750円

Bio c'Bon 麻布十番店
ビオセボン アザブジュウバンテン

東京、神奈川に25店舗

2016年、麻布十番に初上陸したパリ発のオーガニックスーパーマーケット。オーガニックを日常にするカジュアル価格で商品を揃えている。フランスからの直輸入品は、食品だけでなく、コスメや洗剤まで扱う。

Map P.121-B2 麻布十番
🏠 港区麻布十番2-9-2   ☎ 03-6435-4356
🕘 9:00～22:00   無休   地下鉄麻布十番駅4番出口から徒歩3分   オンラインストア→P.125

パリ発のオーガニックスーパー

石鹸など
SAVON ETC.

手洗いが大切な今こそ!

Bio c'Bonってどういう意味?
「Bioビオ」はオーガニック、「Bonボン」はよいという意味。「オーガニックっていいね」という意味です。

MAÎTRE AUGUSTIN
パームオイル不使用のオーガニック石鹸。ひまわりオイルとココナッツオイル配合。「桃」(左)、「ローズ」(中)、「イチジク」(右)

各100g 550円

各40g 352円

LYOMER
良質なミネラルを含むフランス沖の海水を使った入浴剤。リラックス効果のある「ラベンダー」(左)、新陳代謝を活性化する「レモングラス&ジンジャー」(右)

3個入り 550円

MAÎTRE SAVON DE MARSEILLE
有機農法由来成分75%以上の顔から髪まで全身に使える石鹸。「シアバター」(左)、「バーベナ」(右)

各100g 547円

ベジタブルスポンジ
植物繊維から作られたエコなスポンジ。吸水性と耐久性に優れている。40℃の温水まで使用可能

500ml 1430円

キッチンクリーナー
これ1本でキッチンの表面を洗浄、脱脂、除菌してくれるクリーナー。汚れに直接スプレーして30分放置したあと、水ですすげばOK

バルクコーナーで量り売りに挑戦!
ナッツやドライフルーツ、チョコレートなどから好きな物を好きな分量で買える、Bio c'Bonの人気コーナー。

ガラスで区切られた特別感のあるバルクコーナー。いろいろな種類を少しずつ試せるのもうれしい。

種類は混ぜずに

レバーを下げて袋に必要な分量を入れる。「ひとつの袋に1種類」がお約束!

計りに乗せて計量し(最低20g)、商品番号を押すと料金が表示される。

商品名、内容量、料金が書かれたラベルが発行されるので袋に貼る。賞味期限も記載されて便利。

手間のかかる発酵チャーンバターをこの値段で買えるのは「Bio c'Bon」だけ! ぜひ試してみて。   93

缶が欲しくて美しいフレンチ

形もサイズも豊富な缶は
小物の整理もおしゃれにできて
だから心置きなく買っちゃおう！

F 3888円

「プティブール・エシレ」はバターの香りが広がる贅沢なサブレ

G 2160円

9種類の焼き菓子が入った「コフレ アソーティモン ドゥ ビスキュイ」。パリの町並みが描かれた缶

2430円

どちらも伝統柄だって！

DE 1700円

ブルターニュ地方のバタービスケット。厚焼きと薄焼きの違った食感を楽しめる。「アンリオ缶」（左）と「オワゾー缶」（右）

A 各1100円

創業50周年記念缶。お菓子の種類、価格は店舗により異なる

I 3050円

「マカロンバスク」。絵はバスク出身の画家による描き下ろし

A 懐かしく、新しい「伝説の店」
A. Lecomte
ルコント

日本初のフランス菓子専門店として歴史を刻んだ名店が、2013年に復活。正統派の味と魅力を伝え続けている。

Map P.121-B1 広尾

🏠 港区南麻布5-16-13
☎ 03-3447-7600
🕙 10:00～18:00
不定休 🚇 地下鉄広尾駅1番出口から徒歩2分

B パティスリー界の重鎮
Frédéric Cassel
フレデリック カッセル

優れたパティシエからなる協会「ルレ・デセール」名誉会長が手がける人気の焼き菓子は、シェフの家族愛を感じる逸品。

Map P.117-B2 銀座

🏠 中央区銀座4-6-16「銀座三越」本館地下2階
☎ 03-3562-1111（大代表）
🕙 10:00～20:00
不定休（銀座三越に準じる）🚇 地下鉄銀座駅すぐ

C 伝統へのリスペクトが美味しさに
Addict au Sucre
アディクト オ シュクル

店名は「甘味中毒」という意味。生、焼き菓子問わず、伝統菓子に真摯に向き合う姿勢が伝わる味。

Map P.114-C2 都立大学

🏠 目黒区八雲1-10-6
☎ 03-6421-1049
🕙 11:00～17:30（商品がなくなり次第閉店）
不定休 🚇 東急東横線都立大学駅北口から徒歩6分

94 　かわいい缶は捨てられないだけでなく、イロチ＆ガラチ買いで増える一方～。（神奈川県・オランジーナ）

ついつい買っちゃう！
萌え缶コレクション

食べ終わった後の使い道もいろいろ。
並べて飾ればすてきなインテリアに。
SNSでシェアしちゃおう！

フレンチ「萌え缶」コレクション

ピンクの缶はマリー・アントワネット

H 1296円

「ロイヤルボックス」。フレーバーごとに異なる7色の缶は全種集めたくなるかわいさ

自慢したくなる缶！

パカッ！

「ラ・メゾン・ダルモリーヌ」のキャラメル。扉付きの缶だなんて最高すぎる！

D 3240円

カッセルさんの息子たちの名前がチョコの上に

B 3564円

2種のチョコビスケットがノスタルジックな趣の缶に入った「ボワット・ア・ビスキュイ」

1890円

小さいけれど満足度大

C 猫をモチーフにした缶「ボワットレシャ」が大人気。翌月以降分のウェブサイト予約可

各1134円

D 「サブレジェンヌ」のサブレ。ミニ缶だから3種類コンプは当然！

D フランスからの輸入菓子が充実
DEAN & DELUCA 六本木店
ディーン アンド デルーカ ロッポンギテン

ニューヨーク発祥のマーケットストア。輸入菓子に力を入れ、フランスのかわいい缶菓子とも出合える。

Map P.121-A2　六本木

🏠 港区赤坂9-7-4 東京ミッドタウンB1　☎03-5413-3580　🕐11:00～21:00　無休　🚇地下鉄六本木駅8番出口直結

E L'Épicerie Le Bretagne →P.17
レピスリー ル ブルターニュ

F ÉCHIRÉ PÂTISSERIE AU BEURRE →P.103
エシレ パティスリー オ ブール

G pâtisserie Sadaharu AOKI paris →P.61
パティスリー サダハル アオキ パリ

H LE SALON DE NINA'S 小田急百貨店新宿店 →P.49
ル サロン ド ニナス オダキュウヒャッカテンシンジュクテン

I MAISON D'AHNI Shirokane →P.78
メゾン ダーニ シロカネ

ぜーんぶほしい

贈り物用だけでなく、自分用に欲しくなってハマるのが萌え缶コレクションの世界。周年記念など特別な限定品も忘れずにチェック！

95

バッグ&トートバッグ選手権

プ？ 使いやすいエコバッグから、ぐまでチェックしてみた！

ミニプレゼントに喜ばれるで賞

小さいムッシュとハートケーキにキュン♥

Philippe Conticini
フィリップ コンティチーニ

幅15cm、高さ14cmのミニミニサイズのトート。ちょっとしたお礼などで小さなお菓子を入れるとぴったり♡ もらったらうれしいに決まってる～！ 495円（編集Y）

こちらもチェック → P.103

---

pâtisserie Sadaharu AOKI paris
パティスリー サダハル アオキ パリ

レザーグッズブランド"Epoi"とのコラボで誕生したエコバッグ。フランス国旗のトリコロールを日本の色名に落とし込んだ呼び名も、趣があってすてき。それぞれ「るり（青）」「ゆき（白）」「くれない（赤）」と呼ぶ。大5500円、小3960円（編集S）

DATA → P.61
こちらもチェック → P.106

3色揃えたくなります

素材や色へのこだわりがいっぱいで賞

エコバッグ＆トートバッグ選手権

色違いも欲しくなるで賞

お仕事のサブバッグにも

おやつパンにいいサイズ

小さいのに使い勝手抜群で賞

PAUL 神楽坂店
ポール カグラザカテン

幅25.5cmとプチサイズなのにマチが19cmもある！厚手のナイロン製なので濡れた物でも安心。留めヒモ付きなのもうれしい。小サイズ550円（編集Y）

DATA → P.73
こちらもチェック → P.18

BOULANGERIE BURDIGALA 広尾本店
ブーランジェリー ブルディガラ ヒロオホンテン

モノグラム柄のおしゃれなトート。厚手で縫製もしっかりしているので、重めのパンも余裕で入ります。限定色が出ることがあるので要チェック！ 2750円（編集S）

DATA → P.69

Addict au Sucre
アディクト オ シュクル

かわいい缶入り焼き菓子目当てで訪れたところ、店内で出会ったバッグ。猫がおめかししているような赤いリボンもキュート。583円（編集S）

DATA → P.94

猫好きの心をつかむで賞

シェフの猫への愛があふれてます

マルクス氏の横顔がスタイリッシュ

バゲットがとっても似合うで賞

THIERRY MARX LA BOULANGERIE
ティエリー マルクス ラ ブーランジェリー

さすがパン屋さんのエコバッグ！持ち手の高さが30cmあるので、長いバゲットを入れても肩からかけやすい～。男性も使いやすそうなデザイン。501円（編集Y）

DATA → P.72

フランスの有名スーパーマーケット「Monoprix」のおみやげ人気No.1はエコバッグ。パリジェンヌも使ってます。

裏aruco 独断 取材スタッフの TALK

「私たちの密かなお気に入りはコレ！」

スタッフが取材の合間に出合って惚れ込み、リアルに購入したもの、さらにフランス通の皆さんに教えてもらったお気に入りを大公開〜！

フランスの村での思い出が蘇るお菓子

うっとりしながら食べています

ナイフの生産で有名な、フランス南西部ライヨール村のレストランで出合って以来、トンカ豆の香りに魅せられています。その魅力を存分に味わえるのが「Héritier」の「トンカ豆のクレームカラメル」。味の複雑さと、フランス菓子のエキゾチズムを感じて、心がざわめき、そして幸せに満たされるお菓子です。（フランス観光開発機構 増田真由美さん）

Héritier エリティエ
Map P.115-B3 白山
🏠 文京区白山2-29-6
☎ 03-3868-0512
⏰ 10:00〜20:00 休火
🚇 地下鉄白山駅A1出口から徒歩5分

こだわりのワインと出合えるバー

「apéro. wine bar aoyama」は、オーナーのギヨームさんの飾らない人柄と、小規模かつこだわりの生産者のワインを飲めるのが魅力。ワイン通の相手にも、喜んでもらえます。一瞬、東京にいることを忘れてしまいそうな、隠れ家的雰囲気も気に入っています。（フランスのワインや食をプロモートする株式会社オーダス 伊藤宏和さん）

apéro. wine bar aoyama → P.56

料理もおいしい！

お気に入りのインテリア雑貨はコレ！

美しい色に癒やされます

Les Touristesのテーブルクロスがお気に入り。カーテンにしたり、ソファにかけたりすると、部屋の印象が明るくなるんです。また、子供が生まれたとき、キャラクターものを家に入れたくなくて、ナタリー・レテグッズで部屋を装飾しました。（ノアゼットプレス編集長 吉野亜衣子さん）

Bazar et Garde-Manger → P.104
Le Monde de Nathalie → P.105

フランス発のスーパーで食材調達

パーティーに大活躍！

冷凍食品専門店「Picard」は、フランスの定番食品が揃うので、重宝しています。ここで買ったもので、フランス風のクリスマスディナーを作るのが、毎年のお約束です。（フランス人翻訳者 リラさん）

Picard 神楽坂店 → P.76

高級ホテル御用達のフランス紅茶

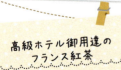
パッケージにも高級感が

パリの5つ星ホテルなどで使われているフランスブランドの紅茶。香りがとてもよくて、スタンダードの茶葉をストレートで飲むと、そのすばらしさがダイレクトに伝わってきます。季節にあったフレーバーティーもおすすめ。（編集Y）

BETJEMAN & BARTON GINZA SIX店
ベッジュマン アンド バートン ギンザ シックスティン
Map P.117-B1 銀座
🏠 中央区銀座6-10-1 GINZA SIX B2階 ☎ 03-6264-5413
⏰ 10:30〜20:30 休無休 🚇 地下鉄銀座駅直結

「Pain des Philosophes」の絶品パンふたつ

食べだしたら止まりません！

むっちり食感で独特の甘みがあるパン・ド・ミ「ASAMA」は、フランスの木製ケースに入っていて、こんなところにもフランスが！とうれしくなりました。リンゴがゴロゴロ入った、枝の形の「ポミエ」は、チーズに合うはずと確信したので、次回は必ず。（編集長Y）

Pain des Philosophes → P.69

専用カップで飲んで ブルターニュ気分に浸ろう!

ガレットに合わせて飲んだシードルのおいしさに目覚めた!グラスで飲んでもいいけど、専用のシードルボウルを使うのが本格的です。シードルボウル1200円、シードル590円。(編集Y)

L'Épicerie Le Bretagne → P.17

すっかりボウル派な私♪

エリゼ宮とのコラボグッズで 高みを目指す!

さまざまなコラボでオリジナルのステーショナリーを出している「PAPIER TIGRE」が、まさかのフランス大統領府エリゼ宮とコラボ。To Do List に書き込めば、やり遂げなきゃという気持ちに。990円(編集S)

PAPIER TIGRE → P.86

トリコロールのあしらいが◎

手放せないリップクリーム 「ユリアージュ」

パリに行くたび、自分用のおみやげに買って帰っていたプチプラコスメ。なかでも温泉療法をベースにしているユリアージュのリップクリームは保湿力が優れ、常に持ち歩きたいアイテム。ドラッグストアで見かけたら、購入しています。(編集S)

塗り口が斜めにカット

少しずつ買い足したい Made in Franceのグラス

アンティーク&雑貨店で一目惚れした「La Rochère」のグラス。店主の「お花を飾っても」という言葉に、ワイングラスとゴブレットグラスのサイズ違いで買いました。並べただけですてき〜!各1210円。(編集Y)

丈夫なのも魅力です〜

M'amour → P.83

もはやフランス超え? 「Pâtisserie FOBS」のゴーフレット

フランス北部の郷土菓子ゴーフルが好きで、東京でも買えると聞いて行ってきました。ひと口いただいて、そのおいしさにびっくり!バニラの香りも、クリームの上品さも生地とのバランスも、フランスで食べた味そのもの、いや、それ以上かも。保冷バッグも購入し、また買いに行く気満々です。(編集長Y)

Pâtisserie FOBS → P.78

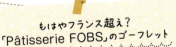

生地とクリームの見事な調和!

ビル街でアートさんぽ 三菱一号館美術館

ロートレックと世紀末、ナビ派など、フランスに関係する企画展を何度も開催している美術館です。作品の時代背景など、ウェブサイトでわかりやすく解説していて、観て、知る楽しみを与えてくれます。(編集S)

三菱一号館美術館 → P.111

オフィス街に建つレンガ造りの館

フランスの風吹く
街はどこかな？

エスプリ漂う
エリア別おさんぽプラン
＆アートスポット

パリの面積は東京を走る山手線の内側とほぼ同じって知ってた？
互いの文化や歴史に思いを馳せながらてくてく歩いてみよう。
フランス関連のアートやイベントが多いのも東京の魅力♪
自分だけのとっておきフレンチスポットを見つけてみて！

渋谷Bunkamuraで
フレンチカルチャーに浸る1日

渋谷のカルチャー発信地、Bunkamura。映画、アートなどフランスとも関わりが深い施設が多く、刺激をもらえそう。

TOTAL 4時間30分

渋谷フレンチカルチャーさんぽ
TIME TABLE

- 11:30 Galettoriaでランチ
  ↓ 徒歩約4分
- 12:30 ザ・ミュージアムまたはル・シネマ
  ↓ Bunkamura内移動
- 13:30 ナディッフモダン
  ドゥ マゴ パリ
  Ladurée 渋谷松濤店
  エルベ・シャトラン
  ↓ 徒歩約12分
- 14:35 渋谷スクランブルスクエア
  ↓ 徒歩約8分
- 15:30 agnès b.で買い物&お茶

1. 塩バターキャラメルのクレープ（右）とスモークサーモンのガレット（左）
2. お菓子のガレットも
3. 雑貨も販売

1Food 1Drink制でセットメニューは1300円〜

2 12:30
アート、カルチャーの発信地
Bunkamura
ブンカムラ

1989年にオープンした日本初の大型複合文化施設。ホール、劇場、美術館、映画館を備え、渋谷の文化発信地として、親しまれている。

Map P.119-A1
- 渋谷区道玄坂2-24-1
- 03-3477-9111（代表）
- 施設による 休1/1
- JR渋谷駅から徒歩7分

ル・シネマ Bunkamura 6F

カンヌ映画祭の話題作やロメール監督特集など新旧の仏映画の上映も積極的に行っている映画館。

1 11:30
ドラマのロケにも使われる
Galettoria
ガレットリア

ソバ粉のクレープ「ガレット」を気軽に食べられるようにと、「ガレット」と大衆食堂「トラットリア」を合わせた造語が店名に。南仏の民宿をイメージしたというチャーミングな内装。ドラマ『花のち晴れ』にも登場。

Map P.119-A1
- 渋谷区松濤1-26-1
- 03-3467-7057
- 11:30〜21:00（L.O.20:00）
- 休火
- JR渋谷駅から徒歩8分

ザ・ミュージアム Bunkamura B1F

フランス関連の展覧会も多く、2021年はマン・レイ展（7〜9月）、ポーラ美術館コレクション展（9〜11月）を予定。

オーガニックの食材を使っています

VIRON 渋谷店
P.24

入館は日時予約制となることも

「ロートレック・コネクション 愛すべき画家をめぐる物語」（2009年）

Bunkamura

松濤文化村ストリート
公園通り
渋谷センター街
明治通り
文化村通り
渋谷駅
渋谷スクランブルスクエア

劇場でフランス気分
渋谷ヒカリエ内にある東急シアターオーブでは、『マリー・アントワネット』、『ノートルダム・ド・パリ』などフランスを舞台にしたミュージカルが上演されたことも。

102 都心にあるため、仕事帰りに寄れるザ・ミュージアムは、オアシスのような場所です。（東京都・レイ）

Bunkamuraのショップとカフェめぐり

Bunkamuraに入っているカフェやショップのなかにも、フランスと関わりのある場所が多い。

1. 奥にあるポスターはパリのメトロホーム用に作られたもの
2. 店員のおすすめは、ロベール・クートラス著の2冊
3. 書籍のジャンルを超えて、雑貨やクリエイターの作品も扱っている

ナディッフモダン Bunkamura B1F

店名は、新しいアートの定義、普及といった意味をもつ「New Art Diffusion」に由来している。美術関係の書籍から雑貨まで、垣根を超えたアートの世界に浸れる場所。ザ・ミュージアムの美術展に合わせた書籍の紹介も行っている。

Ladurée 渋谷松濤店
Bunkamura 3F（松濤側）

DATA→ P.48
こちらもチェック→ P.62

歴史あるパリのメゾン「ラデュレ」のブティックとサロン・ド・テ。優雅さと格式を併せ持つ空間でお茶を。

☎03-3477-9134 ⏰10:00〜20:00、金・土〜21:00 ㊡1/1

エルベ・シャトラン
Bunkamura 1F

パリのフラワーアーティスト、エルベ・シャトランがプロデュースするブティック。ブーケだけでなく、花、花器、水が一体となって、宝石のような輝きを見せる「Bijoux（ビジュー）」は、部屋に飾れば心が華やぎそう。

花器ごと持ち帰りが可能

ドゥ マゴ パリ Bunkamura B1F 1F

DATA→ P.46

パリを代表するカフェのひとつ「レ・ドゥー・マゴ」の日本店。文学賞を創設するなど文化との関わりも深い。

☎03-3477-9197 ⏰10:00〜20:00 ㊡1/1
4. 同系色の花で店内を統一
5. 水と一緒に花びらを詰めることで花器そのものが色づいたかのような「ボールビジュー」

---

3 14:35
ここでしか買えない限定品も

渋谷スクランブルスクエア

Philippe Conticini
フィリップ コンティチーニ

地上47階建ての大規模複合施設。ショップも充実、ここだけで買える限定品もある。

diptyque
ディプティック

Map P.119-A1

🏠渋谷区渋谷2-24-12 ☎03-4221-4280（ショップ&レストランインフォメーション）⏰店舗によって異なる ㊡無休（臨時休館日あり）🚉JR渋谷駅直結

1. 本施設毎週金・土・日限定販売「クイニータタン」594円（1F東急フードショーエッジ）
2. 人気の香り「ルームスプレー ベ」8800円と「キャンドル ローズ」8800円
3. ÉCHIRÉ PÂTISSERIE AU BEURRE限定「カヌレ・エシレ」486円（1F東急フードエッジ）

こちらもチェック→ P.63

ÉCHIRÉ PÂTISSERIE AU BEURRE
エシレ パティスリー オ ブール

4 15:30
ジャンルを超えたコンセプトストア

agnès b. 渋谷店
アニエスベー シブヤテン

1. 多彩なアイテムが揃う
2. 自然光が差し込む開放的な3階
3. 屋上テラス席もあるカフェ

こちらもチェック→ P.100

2019年オープン。さまざまなジャンルとのコラボレーションアイテムやユニセックスアイテムが揃う。最上階には、フランスの文化や暮らしを感じ取れる、居心地のよいカフェもある。

Map P.119-A1

🏠渋谷区神宮前6-19-14 ☎03-6803-8170 ⏰11:00〜20:00 ㊡無休 🚉JR渋谷駅から徒歩7分

奥にはカフェスペースがある

毎年7月14日を挟んだ半ばに、「ドゥ マゴ パリ祭」が開催され、「Bunkamura」ではさまざまなイベントが実施される。

おしゃれな
フレンチ雑貨でココロ潤す
昼下がりの表参道～原宿さんぽ

大人かわいい洗練された店の多い、表参道、青山から原宿にかけてのエリア。
すてきなフレンチ雑貨を探して、のんびりお散歩。

TOTAL 3時間30分

表参道～原宿さんぽ
TIME TABLE
- 12:00 Café Kitsunéでランチ
  ↓ 徒歩10分
- 13:00 Bazar et Garde-Manger で雑貨
  ↓ 徒歩4分
- 13:30 JEAN-PAUL HÉVIN 表参道ヒルズ店 でチョコを買う
  ↓ 徒歩5分
- 14:00 galerie doux dimanche で雑貨
  ↓ 徒歩8分
- 14:45 Le Monde de Nathalie で雑貨
  ↓ 徒歩6分
- 15:20 PAUL & JOE キャットストリートでコスメを買う

1 Café Kitsuné グッズも人気 12:00
カフェ キツネ

ジャンルの壁を超えたカルチャーを発信するブランド。洗練されたデザインの空間で、ツナとクリーミーなベシャメルソースをたっぷり使ったクロック・ムッシュなどの軽食を。

Map P.118-C2
港区南青山3-15-9 03-5786-4842 10:00～19:00 不定休 地下鉄表参道駅A4出口から徒歩3分

1. 和の要素を取り入れた内装 2. クリーミーなクロック・ムッシュ 3. キツネサブレを購入して写真撮影

こちらもチェック → P.96

2 Bazar et Garde-Manger 暮らしを楽しくする雑貨 13:00
バザー エ ガルド モンジェ

フランス人バイヤー、マルト・デムランさんが選んだインテリア雑貨などを扱う、アート感あふれるショップ。

Map P.118-B2
渋谷区神宮前5-2-11 03-5774-5426 12:00～19:30 水 地下鉄表参道駅A1出口から徒歩3分

店長の代田淑恵さん
1. レオ・アトランテのランチョンマット6050円 2. ボナペティ！コレクションの大皿3740円 3. レ・トゥーリストのクロス9350円

DATA → P.67   こちらもチェック → P.62

3 JEAN-PAUL HÉVIN 表参道ヒルズ店 バースペースも利用できる 13:30
ジャン ポール エヴァン オモテサンドウヒルズテン

ブティックのほかに、バー・ア・ショコラを併設。濃厚なショコラ・ショー（ホットチョコレート）を味わえる。

1. ボンボン ショコラ9個入り3489円 2. 落ち着いた雰囲気

原宿駅

Longchamp La Maison表参道 P.32
L'Occitane Omotesando VOYAGE SENSORIEL P.89

明治神宮前駅
明治通り
表参道
表参道ヒルズ

Michalak Paris表参道店 P.60

エルメス表参道店
ルイ・ヴィトン表参道店

La Fée Délice P.50

H.P.DECO P.81

「Bazar et Garde-Manger」は「H.P.DECO」（→P.81）とつながっていて、雑貨好きなら出られなくなるかも！（東京都・待夢）

4 galerie doux dimanche 個性的な雑貨がいっぱい 14:00
ギャラリー ドゥー ディマンシュ

表参道から入った静かな通りに面したギャラリーショップ。海外のクリエイターの作品とレトロなヴィンテージ雑貨が並び、時間を忘れて見入ってしまいそう。

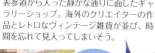

DATA → P.80

1. ツェツェ・アソシエの「4月の花器」26400円
2. マリー・アセナのオリジナルトート2750円
3.4. Aurélia FRONTYのアクセサリー5390円〜
5. 個性的なクリエイターの作品がいっぱい

表参道〜原宿

5 Le Monde de Nathalie ナタリー・レテの世界に浸れる 14:45
ル モンド ドゥ ナタリー

日々の暮らしからインスピレーションを得て、辛口のユーモアを交えて表現する、ナタリー・レテの世界で唯一のオンリーショップ。さまざまなコラボ作品にも注目してみて。

Map P.118-B1

渋谷区神宮前4-28-15 Lamp harajuku 2F ☎03-5411-1230 ⌚12:00〜19:30 休水 地下鉄明治神宮前駅5番出口から徒歩5分

1. 縁起がよいといわれるフクロウのドール。4950円 2. フラワーテーブル5万8300円〜 3. 日本の伝統工芸「文庫革」を使った型押しの財布1万4300円〜 4. シルクスカーフ2万7500円 5. トレンチコート46万2000円

6 PAUL & JOE キャットストリート 猫モチーフのコスメと雑貨 15:20
ポール アンド ジョー キャットストリート

猫モチーフのコスメや雑貨が揃うPAUL & JOEのコンセプトショップ。フォトスポットもあり、うまく撮れたらシェアしてみて。

Map P.118-B1

渋谷区神宮前6-7-8 ネスト原宿VI 1-B ☎03-6427-7401 ⌚11:00〜20:00 不定休 地下鉄明治神宮前駅4番出口から徒歩4分

1.2. 猫のマネキンと撮ってもかわいい 3. リップスティックス クレドール 3300円（セット価格） 4. ファンデーションプライマーも人気3850円〜

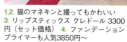

「PAUL & JOEキャットストリート」では、コスメのほかに猫モチーフのポーチなども買える。

名店ひしめくオフィス街
丸の内で洗練された手みやげ探し

オフィスビルと商業ビルが建ち並ぶ、ビジネス街丸の内。
贈答の達人たちも納得する、グルメなおみやげの名店めぐり。

TOTAL 3時間

丸の内で手みやげ探し
TIME TABLE

- **11:30** pâtisserie Sadaharu AOKI parisで買い物
  ↓ 徒歩1分
- **11:45** ラ・メゾン・デュ・ショコラ 丸の内店でチョコを買う
  ↓ 徒歩3分
- **12:00** Le beurre noisetteでランチ
  ↓ 徒歩2分
- **13:00** ÉCHIRÉ MAISON DU BEURREで買い物
  ↓ 徒歩6分
- **13:30** MAILLEでマスタードを買う
  ↓ 徒歩10分
- **14:00** ESPRIT de TAILLEVENTでワインを買う

1 落ち着いたサロン・ド・テを併設 **11:30**
pâtisserie Sadaharu AOKI paris
パティスリー サダハル アオキ パリ

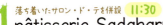

パリを拠点に活躍するサダハルアオキ氏のパティスリー。ブティックで販売している品を選んで、サロン・ド・テでいただくこともできる。

DATA → P.61
こちらもチェック → P.97

1. 焼き菓子のギフト2516円　2. マカロン5個入り1944円　3. 四角いケーキ「アンディビジュアル」

二重橋前〈丸の内〉駅

日比谷通り／国際ビル／丸の内二重橋ビル／L/UNIFORM TOKYO P.33／二重橋スクエア／新国際ビル／馬場先通り／丸の内ブリックスクエア／三菱一号館美術館 P.111／東京ビル TOKIA／VIRON 丸の内店 P.44,68

2 ショコラは安定のおいしさ **11:45**
ラ・メゾン・デュ・ショコラ 丸の内店

有楽町駅

フランスのショコラトリーを代表するブランド。宝石のようなボンボン・ドゥ・ショコラは絶品。

1.2. ボンボン・ドゥ・ショコラ詰合せなどブティックで。10粒入4104円

DATA → P.66

旬の味覚をお楽しみください

3 バルスペースがある **12:00**
Le beurre noisette
ル ブール ノワゼット

レストランでのランチコースは3850円と5500円、バルエリアでは1650円

パリ15区にあるレストラン「ル・ブール・ノワゼット」の東京店。落ち着いたレストランでは、月替わりのランチコースを提供している。また、バルスペースでも手頃なランチを楽しめる。

Map P.116-C1
- 千代田区丸の内3-2-3 二重橋スクエア1F
- 03-6275-6008（レストラン）
- 11:00〜15:00（L.O.14:00)、17:00〜23:00（L.O.21:00）　無休
- 地下鉄二重橋前〈丸の内〉駅1番出口から徒歩1分

丸の内の昼下がりさんぽ

買い物というと、渋谷や新宿を思い出しますが、丸の内は、店が厳選されていて買い物しやすいです。（東京都・NAMI）

4 並んでも買いたい限定スイーツ　13:00
ÉCHIRÉ MAISON DU BEURRE
エシレ メゾン デュ ブール

フランス中西部エシレ村で生産されるA.O.P.認定発酵バターの専門店。丸の内の店でしか買えない限定スイーツも人気で、長蛇の列ができるほど。

DATA → P.90
こちらもチェック → P.71,96

1. フィナンシェ・エシレとマドレーヌ・エシレギフトBOX5個入り1836円　2,3. ブロワイエ・デュ・ポワトゥーは伝統の銘菓。ほかにシンプルなパウンドケーキ「ケーク・オ・ブール・エシレ」もある

丸の内

5 ここでしか買えないマスタード　13:30
MAILLE (VIRON 丸の内店内)
マイユ

購入から6ヵ月間楽しめます

MAILLEは、1747年創業のマスタードブランド。VIRON店内にあるコーナーでは、黒トリュフとシャブリのフレッシュマスタードを販売している。パリ店でも人気のサービスを東京でも！

VIRON 丸の内店 → P.44

1. その場で詰めてもらえる　2. スプーン付き3800円

大手町駅
DELFONICS 丸の内 P.87
行幸通り
新丸ビル
丸の内テラス
永代通り
6
大手町駅
東京駅

ワイン選びのコツ
専門店でワインを買いたいけれど、どれを選んだらいいかわからない、というときは、エキスパートである店員に相談です。甘口、辛口、軽い、重い、といった好みのほか、どんなシチュエーションで飲むのか、食事と合わせて楽しみたいのか、を伝えれば、希望に合ったワインをセレクトしてくれるはず。

店長のおすすめはこちら

赤「コート・ド・ブール2014」エレガントな酸味が、料理のおいしさを引き立てる。根菜、ウナギと合わせるのがおすすめ。5500円

白「サンセール2017」さわやかで日本人好みの食事に合うワイン。シェーヴルチーズのサラダやホッキ貝のマリネとよく合う。5500円

1,2. ランチでも利用できるバースペースを併設

「食とワインの調和」を信条とし、料理とのペアリングを提案している

6 フランス各地のワインが買える　14:00
ESPRIT de TAILLEVENT
エスプリ ド タイユヴァン

パリの名レストラン「タイユヴァン」のセレクトを軸としたワインショップ。月ごとに地域特集を組み、購入したワインは、抜栓料1本あたり1100円を払うことで、ダイニングでも楽しむことができる。

Map P.116-B1
🏠 千代田区丸の内1-3-4 丸の内テラス1階　03-6259-1151　11:00～23:00、日・祝～18:00　無休　地下鉄大手町駅B1b出口から徒歩1分

「ESPRIT de TAILLEVENT」では、料理とワインのペアリングを楽しむイベントも行っている。 107

整形式の洋風庭園があることで知られる旧古河庭園

Jardin à la française
都会のオアシス フランス風庭園で癒やし時間

食べ歩きやショッピングは楽しいけれど、ときには緑の公園でリフレッシュ。フランスに縁のある庭園もあり、花の季節に歩いてみたい。

バラの名所としても有名

旧古河庭園
キュウ フルカワ テイエン

バラは春と秋が見頃

旧古河邸を見上げる角度か◎

1. 旧古河邸とバラ園
2. 夜のライトアップ
3. 手入れの行き届いた庭園

旧財閥古河家の本邸であった旧古河庭園。その敷地の斜面を利用して、ジョサイア・コンドルが造ったのが洋風庭園だ。幾何学的な形の植込で整えられ、バラの季節には約100種200株の花が咲き誇る。

Map P.115-A3 駒込
🏠 北区西ヶ原1 📞03-3910-0394
🕘 9:00〜17:00（最終入場16:30）
📅 年末年始 💴 150円（要ウェブ予約）
🚉 JR駒込駅北口から徒歩12分

画像提供：公益財団法人東京都公園協会

108 ✉ 旧古河邸はジョサイア・コンドルが設計したもので、内部の見学ができます。（埼玉県・ミニム）

心癒やされる緑の園

新宿御苑
シンジュク ギョエン

日本における近代西洋庭園の名園と称される

フランス風庭園で癒やし時間

バラの美しい整形式庭園

写真提供：環境省新宿御苑管理事務所

1.2. 約160本のプラタナスを左右4列の並木として配置している。新緑、紅葉の時期に歩いてみたい場所　3.4.5. 約100種類約500株のバラの花が植えられたバラ花壇の左右に並木道が続く

3つの異なる様式をもつ庭園を組み合わせて構成されている新宿御苑。なかでも、バラ花壇を中央に、左右対象にプラタナスの並木を配置した整形式庭園は、整然とした美しさを見せている。

Map P.114-B2　新宿

🏠新宿区内藤町11番地　📞03-3350-0151（新宿御苑サービスセンター）　⏰9:00〜16:30（最終入場16:00）、夏は延長・冬は短縮あり　🚫月、年末年始　💴500円　🚇地下鉄新宿御苑前駅1番出口から徒歩5分（新宿門）

フランス式庭園とは

17世紀に造園家ル・ノートルによって完成された整形式庭園で、彼が設計したヴェルサイユ宮殿の庭はその代表。比較的平坦な敷地に中心軸を置いて、並木や池など庭のパーツをその両側に幾何学的に配置していく設計方法だ。

1　ヴェルサイユ宮殿の庭園。大運河の先まで続く壮大な整形式庭園　2　宮殿内のオレンジ園も幾何学的に整形

新宿御苑を現在の形に設計したのは、アンリ・マルチネというフランス人造園家。

フランスのエスプリを感じるアートスポット

東京でフランス絵画に出合える美術館や、アート体験ができる場所をご紹介。

2800点に及ぶコレクションを所蔵している

セザンヌもモネも！

ピエール=オーギュスト・ルノワール
《すわるジョルジェット・シャルパンティエ嬢》
1876年頃 油彩・カンヴァス

ルノワールのパトロンであったシャルパンティエ家の長女ジョルジェットの肖像画。少女たちから愛らしい表情を引き出す天才だったルノワール。どの画家より美しく描いてくれると、少女たちにも人気だったのでは？

ポール・セザンヌ
《サント=ヴィクトワール山とシャトー・ノワール》
1904-06年頃 油彩・カンヴァス

セザンヌが繰り返し描いたサント=ヴィクトワール山の集大成となる作品。幾何学的に描かれたシャトー・ノワールが、画面を引き締めている。この山独特の存在感を体感したければ、セザンヌの故郷エクス=アン=プロヴァンスへ。

サーモンのガレットなどの軽食や本格的なランチコースを取ることができる

生まれ変わった名作の宝庫

アーティゾン美術館
アーティゾン ビジュツカン

「アーティゾンARTIZON」とは「芸術ART」と「地平HORIZON」を組み合わせた造語で、「創造の体感」をコンセプトにしている。約2800点の収蔵作品は古代美術からモネやルノワールなど印象派や20世紀美術、現代美術までと幅広い。

Map P.116-C2 京橋

🏠 中央区京橋1-7-2 ☎050-5541-8600
🕙 10:00～18:00、金～20:00（入館は閉館の30分前まで） 休月 料展覧会による
🚃 JR東京駅八重洲中央口から徒歩5分

開放感のあるおしゃれなカフェ

ミュージアムグッズも

ちょっとおさらい、印象派って？

印象派は、19世紀後半にフランスで起こった芸術運動。パリとセーヌ河畔、ノルマンディー地方を舞台に、外光の下で刻々と変化する色や形を描いた。

モネ

ルノワール　セザンヌ

ARTIZON MUSEUM

MITSUBISHI ICHIGOUKAN MUSEUM

展覧会関連グッズを販売するStore1894

重厚な雰囲気〜

かつての銀行営業室を再現した趣あるCafé 1894

アンリ・ド・トゥールーズ=ロートレック
《ディヴァン・ジャポネ》
1893年　リトグラフ／洋紙　80.0×61.9cm
三菱一号館美術館

日本趣味を売りにしたキャバレー「ディヴァン・ジャポネ」の宣伝用ポスター。日本風の装飾などは何も描かれていないが、浮世絵の手法など、ロートレックを魅了した日本の影響がうかがえる。

フランスのエスプリを感じるアートスポット

オディロン・ルドン
《グラン・ブーケ（大きな花束）》
1901年　パステル／カンヴァス
248.3×162.9cm　三菱一号館美術館

「大きな花束」のタイトルどおり巨大な、ルドンのパステル画。110年もの間、ドムシー城で眠り続けていた幻の名画で、発見後、三菱一号館美術館で日本初公開された。「やったね！」と書かれたインパクト大のチラシが当時話題に。

赤レンガが特徴の丸の内の美術館

三菱一号館美術館
ミツビシ イチゴウカン ビジュツカン

1894年に建設された「三菱一号館」を復元、蘇った赤レンガのオフィスビルは美術館として利用されている。建物と同時代の19世紀末の西洋美術、特にロートレックの版画コレクションが充実している。

Map P.116-C1　丸の内

▲千代田区丸の内2-6-2　☎050-5541-8600　⏰10:00〜18:00（最終入場17:30）　休月、年末年始　※祝日・振替休日・会期最終週は特別開館あり　￥展覧会による　🚃JR東京駅丸の南口から徒歩5分

企画展の内容は多彩

建物と同時代の19世紀末をテーマとした企画展を多数開催している

「三菱一号館美術館」はフランス、アルビにあるトゥールーズ=ロートレック美術館と姉妹館になっている。

GINZA MAISON HERMÈS

特別な
アート体験を

現代アーティストとともに
創造する企画展
「フォーラム」

銀座メゾンエルメスの8階にある「フォーラム」。ガラスブロックに囲まれた吹き抜けの展示空間で、多彩な展覧会を開催している。

「うつろひ、たゆたひといとなみ」湊茉莉展（2019）

「ベゾアール（結石）」シャルロット・デュマ展（2020）

「眠らない手」エルメスのアーティスト・レジデンシー展（2018〜2019）

© Nacása & Partners Inc. / Courtesy of Fondation d'entreprise Hermès

完全予約制のミニシアター
「ル・ステュディオ」

銀座メゾンエルメスの10階にある、わずか40席の映画館。土・日、祝日に上映があり、ウェブサイトから予約すれば誰でも無料で鑑賞できる。選定された作品は、新旧問わず上質と評判だ。

過去の
おもな上映
作品リスト

『新世紀、パリ・オペラ座』（2019）、『自由の幻想』（2019）、
『恋愛小説ができるまで』（2018）、『気狂いピエロ』（2015）、
『ベルヴィル・ランデブー』（2013） ……etc

特別なアート体験を提案する

銀座メゾンエルメス
ギンザ メゾン エルメス

パリのポンピドゥー・センターを手がけたイタリア人建築家レンゾ・ピアノ設計の銀座メゾンエルメス。企画展のためにビルのガラスブロックを彩色するなど、アート発信の現場ともなっている。

Map P.117-B1 　銀座

中央区銀座5-4-1　03-3569-3300
11:00〜20:00、日〜19:00　エルメス銀座店に準じる　無料　地下鉄銀座駅B7出口から徒歩1分

フランス映画好きなら行ってみたい
アンスティチュ・フランセ東京

講演会も
行われます

歴史あるフランス語学学校として知られるアンスティチュ・フランセ東京は、フランス映画の上映が行われ、ファンたちが通う場所としても有名。来日中の監督や俳優を招いてトークイベントを行うこともあるので、ウェブサイトなどで情報をチェックしよう。

DATA → P.39

上：監督を招いて対談を行うことも　右：DVD貸し出しも行うメディアテーク

112　銀座メゾンエルメスで開かれた湊茉莉さんの展覧会は、作品の「宇宙」を感じるすばらしい内容でした。（東京都・さやか）

圧巻の眺め！

コレクションのなかでも約2万4千冊もの本が壁を埋め尽くすモリソン書庫は必見

東洋学の魅力を伝えるべく、2011年にミュージアムが開館

フランスのエスプリを感じるアートスポット

もっと知りたい！

悲劇の王妃は日本好き？
マリー・アントワネット

マリー・アントワネットは、日本に対し興味を抱いていたと言われている。母から受け継いだ漆器のコレクションを大切にし、蒔絵の美術工芸品も多数所有、その関心の高さがうかがえる。19世紀に「ジャポニスム」が流行するよりずっと前から、「日本通」だったのかも。

日本に行きたかったわ！

マリー・アントワネットの離宮の内装を見ると、そのセンスのよさがうかがえる。日本の美術工芸品は、そんな彼女の好奇心を刺激したのかもしれない

ランチにおすすめ！

併設された「オリエント・カフェ」では「マリー・アントワネットのお重」も楽しめる

1日限定10食のみ！

『イエズス会士書簡集』表紙をモチーフにしたお重。内容は季節により変わる

マリー・アントワネットゆかりの品がある

東洋文庫ミュージアム
トウヨウ ブンコ ミュージアム

三菱第三代社長の岩崎久彌氏によって設立された東洋学研究図書館。蔵書のなかに、マリー・アントワネットが所有していた『イエズス会士書簡集』がある。

Map P.115-A3 駒込

📍文京区本駒込2-28-21 ☎03-3942-0280（ミュージアム）03-3942-0400（オリエント・カフェ）🕐10:00～17:00（最終入場16:30）、11:30～21:30（オリエント・カフェ）休火、年末年始 💴900円 🚇地下鉄駒込駅2番出口から徒歩8分

TOYOBUNKO
MUSEUM

フランス国立極東学院東京支部は東洋文庫内にあり、講演やワークショップが行われることもある

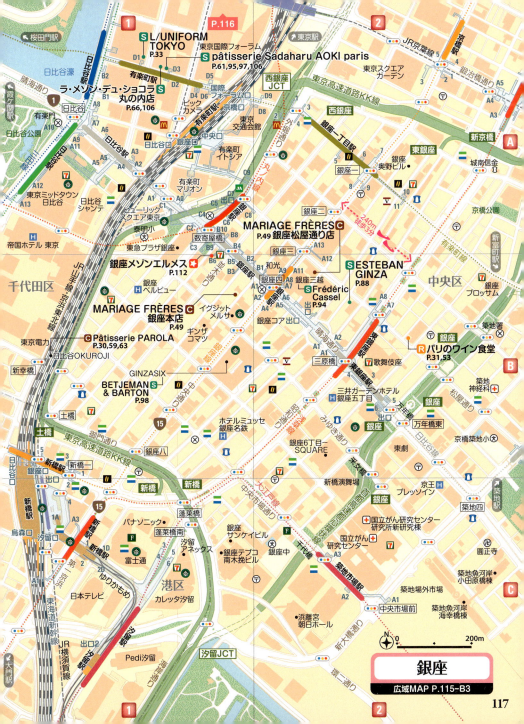

メニュー選びにも重宝！ フランス料理図鑑

前菜

アシェット・ド・シャルキュトリー
Assiette de charcuterie
生ハム、サラミ、ソーセージなどを数種類盛り合わせたもの

フォアグラ
Foie gras
缶詰ではないフレッシュなフォアグラを薄焼きトーストとともに

パテ・ド・カンパーニュ
Pâté de campagne
豚のひき肉や内臓などを型に詰めてオーブンで焼いたもの

テリーヌ・ド・ヴォライユ
Terrine de volaille
鶏肉を使ったテリーヌ。豚肉のパテよりさっぱりした味わい

ソーモン・フュメ
Saumon fumé
スモークサーモン。自家製のことが多い

魚介料理

ムール・フリット
Moules frites
ムール貝のワイン蒸しにフライドポテトを添えたもの

生ガキ
Les huîtres
「ブロン」と呼ばれる平たいカキがおいしい

フィレ・ド・コラン・ムニエール
Filet de colin meunière
コラン（タラの一種）をムニエルにしたもの

ドラード・ポワレ
Dorade poêlée
タイをポワレ（バターで蒸し焼き）したもの

タルタル・ド・トン
Tartare de thon
マグロのタルタル。サーモンもよく使われる

肉料理

アントルコート・グリエ
Entrecôte grillée
リブロースのステーキ。ポテトフライがつくとステック・フリット

タルタルステーキ
Steak tartare
生の牛肉とスパイス、オイルを合わせたタルタル

フォアグラ・ポワレ
Foie gras poêlé
フレッシュ・フォアグラを軽く蒸し焼きにしたもの

ブランケット・ド・ヴォー
Blanquette de veau
子牛肉をソテーし野菜と煮たクリームシチュー

コンフィ・ド・カナール
Confit de canard
脂漬けにした鴨のもも肉をカリっと焼いたもの

ブロシェット・ダニョー
Brochette d'agneau
子羊の肉を食べやすいサイズに切り、串に刺して焼いたもの

シュークルート
Choucroute
ザワークラウトをソーセージなどと煮たアルザス料理

バヴェットのステーキ
Bavette d'aloyau
ハラミ肉のステーキ。エシャロットソースを添えることが多い

ローストチキン
Poulet rôti
鶏をまるごと1羽グリルでローストしたもの。肉汁とともに

鴨の胸肉のロースト
Magret de canard rôti
肥育した鴨の胸肉のロースト。ハチミツソースを添えることも

デザート

ガトー・オ・ショコラ
Gâteau au chocolat
チョコレート好きにはたまらない濃厚な味わいのケーキ

クレーム・ブリュレ
Crème brûlée
表面のカラメルを焦がしたプディング系のデザート

ムース・オ・フロマージュ・ブラン
Mousse au fromage blanc

プロフィットロール
Profiteroles
アイスクリーム入りのシューのあつあつチョコソースがけ

ヌガー・グラッセ
Nougat glacé
刻んだナッツとメレンゲが入ったアイスクリーム

チョコレートのムース
Mousse au chocolat も人気

ドリンク

ヴェール・ド・ヴァン
Verre de Vin
グラスワイン。赤は「ルージュRouge」白は「ブランBlanc」

ビエール
Bière
ビール。生ビールは「プレッションPression」

モナコ(左)＆パナシェ(右)
Monaco & Panaché
グレナデン・シロップ入りビール（左）とビールのレモネード割り（右）

キール
Kir
白ワインにカシスのリキュールを加えたカクテル

スーズ
Suze
食前酒としてよく飲まれる薬草系リキュール

フランス語ミニ教室
フランスがもっと身近になる

基本のフレーズ

日本語	カナ	フランス語
はい	ウィ	Oui
いいえ	ノン	Non
おはようございます	ボンジュール	Bonjour.
こんにちは	ボンジュール	Bonjour.
こんばんは	ボンソワール	Bonsoir.
おやすみなさい	ボンヌ・ニュイ	Bonne nuit.
さようなら	オ・ルヴォワール	Au revoir.
ありがとう	メルスィ	Merci.
ありがとうございます	メルスィ・ボクー	Merci beaucoup.
どういたしまして	ジュ・ヴザン・プリ	Je vous en prie.
ごめんなさい	エクスキュゼ・モワ	Excusez-moi.
すみません（人に呼びかけるとき）	エクスキュゼ・モワ	Excusez-moi.
すみません（人にぶつかったときなど）	パルドン	Pardon
だいじょうぶです（人に謝られたときなど）	パ・ドゥ・プロブレム	Pas de problème.
お願いします	スィル・ヴ・プレ	S'il vous plaît.
いいえ、けっこうです	ノン・メルスィ	Non, merci.
わかりました	ダコール	D'accord.
知りません	ジュ・ヌ・セ・パ	Je ne sais pas.
わかりません	ジュ・ヌ・コンプラン・パ	Je ne comprends pas.
はじめまして	アンシャンテ	Enchanté.
私の名前は○○です	ジュ・マペル・○○	Je m'appelle ○○.
フランス語を話しません	ジュ・ヌ・パルル・パ・フランセ	Je ne parle pas français.

よく使われるカジュアルフランス語

日本語	カナ	フランス語
こんにちは／さようなら	サリュ	Salut.
元気？	サ・ヴァ	Ça va?
元気よ！	サ・ヴァ・ビヤン	Ça va bien.
喜んで！	アヴェック・プレジール	Avec plaisir.
もちろん！（Why not と似た表現）	プールコワ・パ	Pourquoi pas?
気にしないで／大丈夫です	セ・パ・グラーヴ	C'est pas grave.
本当？／マジ？	セ・ヴレ	C'est vrai?
そんなはずないでしょ	セ・パ・ヴレ	C'est pas vrai.
気に入った？	サ・ヴ・プレ	Ça vous plaît?
とっても気に入りました	サ・ム・プレ・ボクー	Ça me plaît beaucoup.
OK／いいですよ／似合ってるね	サ・マルシュ	Ça marche.
動きません／うまくいきません	サ・ヌ・マルシュ・パ	Ça ne marche pas.
いいね！	ジェム	J'aime.
いいじゃない／よかったね！	セ・ビヤン	C'est bien!
おいしいです	セ・ボン	C'est bon.
おいしかったです	セテ・ボン	C'était bon.
きれいね	セ・ジョリ	C'est joli(e).
かわいいね	セ・ミニョン	C'est mignon.
すごい！／最高！	シュペール	Super!
すばらしい！	セ・マニフィーク	C'est magnifique!
信じられない！	アンクロワイヤブル	Incroyable!
安いですね	セ・パ・シェール	C'est pas cher(chère).

えっこれも？ みんなが知ってるフランス語

日本語	カナ	フランス語
アヴァンギャルド（前衛。軍事的な意味から発展して芸術の用語に）	アヴァン・ギャルド	avant-garde
アラカルト（一品ずつ注文すること）	ア・ラ・カルト	à la carte
アンコール（「再び」を表す副詞。アンコール曲の意味はない）	アンコール	encore
アンサンブル（「一緒に」を意味する副詞。「集まり」を意味する名詞も）	アンサンブル	ensemble
オマージュ（「敬意」の意味）	オマージュ	hommage
クーデター（国に対する策動。coupは「衝撃」の意味）	クーデタ	coup d'etat
シュール（シュールレアリスムなど、現実を「超える」が元の意）	シュル	sur
ブーケ（花束）	ブケ	bouquet
ブティック（店。特におしゃれでなくてもブティック）	ブティック	boutique
プロフィール（「横顔」から）	プロフィル	profil
メトロ（地下の意味はなく、「メトロポリタン（主要都市の）」から）	メトロ	métro
メニュー（フランス語では「定食」のこと。紙のメニューは「カルトcarte」）	ムニュ	menu
ランデヴー（ミーティング、約束）	ランデヴ	rendez-vous
ロゼ（ロゼワイン。ローズはバラ）	ロゼ	rosé

123

もっと東京でフランスを楽しむお役立ち情報

フランス関連のイベントやおうちにいながら旅気分を味わえるバーチャルツアーなど、フランスが恋しい人のためのお役立ち情報を一挙ご紹介！

Technique 01 東京で体験できる！フランス関連イベント

ドゥ マゴ パリ祭
URL www.bunkamura.co.jp/sp/parisai2021

フランスのパリ祭にちなみ、「ドゥマゴ パリ」（→P.46）のテラスを中心に食や音楽、ショッピングが楽しめるイベント（2021年は7/10〜7/18）。

サロン・デュ・ショコラ
URL www.salon-du-chocolat.jp

パリで秋に開催されるチョコレートの見本市。東京では、三越伊勢丹が主催し、毎年冬に開催される。国内外から実力派のショコラトリーが集結。

フランス レストランウィーク
URL francerestaurantweek.com

ダイナースクラブが主催する「フランス料理をお得に楽しむ24日間」（2021年は10/8〜10/31）。フランス料理により親しんでもらえるよう、お得な料金でコース料理を提供。

ラ・フォル・ジュルネ
URL www.lfj.jp/lfj_2021

1995年、フランス西部のナントで始まったクラシック音楽祭。一流のアーティストの演奏をリーズナブルに楽しめる試みで、2005年より東京でもゴールデンウィーク期間中に開催。

※開催に関しては最新情報を確認のこと

Technique 03 フランス情報をいち早くキャッチするには？

次のフランス旅行の計画を立てたり、刻々と変化する現地情報を入手するため、こまめにチェックしたい。

行きたくなるね！

フランス観光開発機構
URL jp.france.fr/ja

日本でフランスの情報を得られる公式機関。国内の基本情報はもちろん、テーマ別デスティネーションの提案など、旅のプランニングに役立つ情報満載。

トリコロル・パリ
URL tricolorparis.com

パリ在住の日本人ふたり組が立ち上げたサイトで、パリの日常や最新情報を発信している。著書『フランスの小さくて温かな暮らし365日』も大好評。

パリ旅ステーション
Twitter @TabiStationFR

パリにある日本人専用トラベルデスクのアカウント。市バスの車窓からの眺めや町を撮った動画を観ていると、パリをさんぽしている気持ちに。

地球の歩き方フランス・パリ特派員
Twitter @arukikataparis

パリ特派員の守隨亨延さんが、パリの最新情報をリアルタイムで発信。実体験に基づくコロナ禍での日仏間渡航に関する情報や用意すべきものなどの発信には大きな反響が。

Technique 02 季節のフランス菓子を東京でも

キリスト教の行事にまつわるフランスの伝統菓子は、東京でも季節菓子として販売される。

1/6前後 ガレット・デ・ロワ

「公現祭エピファニー」の日に食べるパイ。切り分けて、中に隠された陶製の人形フェーヴが当たった人がその日の王様になれる。

2/2 クレープ

「聖母お清めの日」、別名「ろうそくの日」はクレープを焼いて食べる日。左手にコインを握り、右手のフライパンで上手にひっくり返せると幸運が。
photo：Galettoria

3〜4月 復活祭のお菓子

暦の上で春を告げる「復活祭」には、生命のシンボルである卵や再生をイメージする多産なウサギの形のチョコレートを食べる。
photo：A la Mère de Famille, Paris

4/1 魚形チョコレート

エイプリルフールを「4月の魚」と呼ぶフランスでは、魚形のチョコレートやパイが店頭に並ぶ。
photo：A la Mère de Famille, Paris

12/25 ビュッシュ・ド・ノエル

薪の形をした「クリスマス」の定番ケーキ。毎年、有名パティシエたちが趣向を凝らしたビュッシュ・ド・ノエルを発表する。

Technique 04 気分はセーヌ川クルーズ！メタリックな船で行く隅田川水上バスライン

隅田川をカッコイイ船で移動するのはいかが？ 漫画・アニメ界の巨匠、松本零士さんがデザインした「ホタルナ」は、浅草〜日の出桟橋〜お台場をつなぐ水上バス。宇宙船をイメージしたシルバーメタリックのボディが最高にカッコイイ！ 屋上デッキが楽しめる区間もあって、セーヌ川クルーズ気分を味わえるかも。

心地よい水上さんぽ

東京クルーズ　ホタルナ

乗り場：浅草　Map P.115-B3
台東区花川戸1-1-1
地下鉄浅草駅7番口から徒歩1分

乗り場：日の出桟橋　Map P.115-C3
港区海岸2-7-104
ゆりかもめ日の出駅東口から徒歩2分

乗り場：お台場海浜公園　Map P.115-C3
港区台場1-4-1
ゆりかもめお台場海浜公園駅北口から徒歩5分
オンライン予約　URL www.suijobus.co.jp

フランス大使館はときどき旅心あるツイートをしてくれます。 @ambafrancejp_jp （東京都・実波）

Technique 05 おうちでフランス旅

❶ フランスの観光名所をバーチャルで楽しむ

オンラインで所蔵品を公開したり、バーチャルヴィジットを提供する観光スポットや観光局が増えている。

ルーヴル美術館のオンラインツアー
[URL] www.louvre.fr/en/online-tours

パレ・ガルニエ
[URL] artsandculture.google.com/partner/op%C3%A9ra-national-de-paris

ヴェルサイユ宮殿
[URL] artsandculture.google.com/project/versailles

ナンシー観光局運営のバーチャルサイト [URL] visitnancy360.com/

サクレ・クール聖堂 [URL] www.sacre-coeur-montmartre.com/english/visit-and-audio-guide/article/panoramic-virtual-tour-of

❷ フランスが舞台のドラマ&映画で旅気分

パリやフランスがロケ地となったドラマのなかには、ネットでの絶大な支持を受けて快進撃を続けているものも。主人公と一緒に、パリの町へGo。

AUX BACCHANALES 紀尾井町
今でも人気!

『エミリー、パリに行く』(Netflix)
パリに赴任したアメリカ人エミリーの奮闘ぶりを描いた大ヒットドラマ。

『LUPIN ルパン』(Netflix)
映画『最強のふたり』で名をあげたオマール・シーが主演している話題作。

『アメリ』(2001)
モンマルトルのおさんぽは、この映画をガイドにして。

『シティハンター』(2019)
北条司原作の大人気漫画をフランスで実写映画化。

『ミッドナイト・イン・パリ』(2011)
ウディ・アレン監督の作品。セーヌ河岸など、パリ観光もできる。

Technique 06 読み物も充実のフリーペーパー&雑誌

最新パリ情報やちょっとコアなフランス事情がわかる情報誌がこちら。フランス好きなら定期購読したい。

『ふらんす』
1925年創刊、白水社から出されているフランス語・フランス文化専門の総合月刊誌。760円

『OVNI オヴニー』
フランスのおもなニュースの解説などが載っているフリーペーパー。毎月1日と15日発行。

『Noisette Press ノアゼットプレス』
日仏文化交流の一環として毎月発行。編集長吉野亜衣子さんのお気に入りは?(→P.98)

Technique 07 フランスなものをゲットできるオンラインショップ

南仏料理に挑戦!

常備しておけば、いつでも好きなときにフレンチな食卓を実現。

Picard →P.76
[URL] www.picard-frozen.jp

Maison Brémond 1830 →P.40
[URL] mb1830.com

Bio c'Bon →P.92
[URL] www.bio-c-bon.jp

Technique 08 フランス語のラジオ番組をBGMに

フランス語のラジオ放送をBGM代わりに流せば、自宅がパリのカフェに早変わり。

France Info [URL] www.francetvinfo.fr
ニュース専門局。同じニュースを何度も流すことがあるので、リスニングの練習になりそう。

France Culture [URL] www.franceculture.fr
文化芸術関係専門の局。作家へのインタビューや対談、日本映画が語られることも。

NRJ100.3FM [URL] www.nrj.fr
パリのFM局。リスナーの多い人気局で、フランスでどんな音楽がヒットしているのかわかる。

Chérie 91.3FM [URL] www.cheriefm.fr
NRJグループで、少し大人向けの音楽を流す局。

読者のみなさんからの口コミ情報

ここがオススメ!

フランスを感じる場所、お気に入りのフレンチスポットを聞きました!

ドゥ マゴ パリ →P.46
パリのドゥ マゴの姉妹店らしい風格をもったたずまいに。大学を出て数年後、当時お世話になったフランス語講師がお茶してる姿を見かけた店でもあります。関西の大学だったのに、わざわざ来ているなんて……生粋のパリジャンだった先生のお墨付き?と思った記憶があります。(五条)

Citron →P.43
オーナーはフランス人。アルバイトの採用基準はフランス語か英語で日常会話ができることだとか。メニューは、フランスの家庭料理でおなじみの材料やハーブを使ったもの。スタッフ間で交わされるフランス語が聞こえてきて、一瞬、パリにいるような気持ちになりました。(ひろみんご)

CANAL CAFE →P.18
飯田橋のお堀にあるデッキレストラン。時折フランス語の会話も聞こえてくる。ストラスブールの運河沿いのカフェに似ている。(かな)

Café Chez André du Sacré-Coeur →P.43
フランス人の友達が来日したら必ず行く、フランスおふくろの味。(鶴田眞利子)

学習院大学「さくらアカデミー」では並木麻輝子さん(→P.24)や本誌の編集Sがフランスに関する講義を行うことも。 [URL] g-sakura-academy.jp

もっと東京でフランスを楽しむお役立ち情報

index

▶：プチぼうけんプランで紹介した物件

見る・遊ぶ

名称	エリア	ページ	MAP
ア アーティゾン美術館	京橋	110	P.116-C2
▶ アテネ・フランセ	御茶ノ水	29	P.115-B3
▶ アンスティチュ・フランセ東京	飯田橋	39・112	P.120-B1
カ ガストロノミー ジョエル・ロブション	恵比寿	29	P.119-C2
CANAL CAFE	飯田橋	18	P.120-B2
▶ 旧古河庭園	駒込	29・108	P.115-A3
銀座メゾンエルメス	銀座	112	P.117-B1
▶ 迎賓館赤坂離宮	赤坂	34	P.115-B3
国立西洋美術館	上野	38	P.115-B3
サ ザ・ミュージアム	渋谷	102	P.119-A1
新宿御苑	新宿	109	P.114-B2
タ 東京カテドラル聖マリア大聖堂	目白	31	P.115-B3
東京クルーズ ホタルナ	隅田川	124	P.115-B3・115-C3
▶ 東京女子大学チャペル	西荻窪	39	P.114-B1
▶ 東京都庭園美術館	白金台	36	P.121-C2
東洋文庫ミュージアム	駒込	113	P.115-A3
マ 三菱一号館美術館	丸の内	99・111	P.116-C1
ラ ル・シネマ	渋谷	102	P.119-A1

食べる

名称	エリア	ページ	MAP
ア apéro. wine bar aoyama	外苑前	56・98	P.118-B2・121-A1
Aminima	外苑前	57	P.118-B2
Arnaud Larher Paris 広尾本店	広尾	61・62	P.121-B1
INFINI	九品仏	65	P.120-C1
▶ VIRON渋谷店	渋谷	24	P.119-A1
VIRON 丸の内店	丸の内	44・68	P.116-C1
Héritier	白山	98	P.115-B3
▶ Au Temps Jadis	渋谷	29・51	P.119-A1
AUX BACCHANALES 紀尾井町	紀尾井町	45	P.115-B3
▶ Aux Merveilleux de Fred	神楽坂	15・42・73	P.120-B1
カ Café Kitsuné	表参道	31・96・104	P.118-C2・121-A1
Café Chez André du Sacré-Coeur	人形町	43	P.115-B3
Café de Nicole	高円寺	64	P.114-B2
Galettoria	渋谷	102	P.119-A1
CRIOLLO	小竹向原	58	P.114-A2
サ Sacrée fleur	神楽坂	53	P.120-A1
SALON DE THÉ JANAT OMOTESANDO	表参道	48	P.119-A2
Saint-Jean-Pied-de-Port	渋谷	55	P.119-B2
▶ Citron	外苑前	43	P.118-B2・121-A1
▶ JEAN-CHARLES ROCHOUX	表参道	27・67	P.119-A2・121-A1
▶ JEAN-PAUL HÉVIN 表参道ヒルズ店	表参道	62・67・104	P.118-B2
Gentil	浅草橋	55	P.115-B3
Cellar Fête	目黒	27	P.121-C2
タ THIERRY MARX LA BOULANGERIE	渋谷	72・97	P.119-A1
▶ ドゥ マゴ パリ	渋谷	31・46・103	P.119-A1
Tour d'Argent Tokyo	赤坂	20	P.115-B3
ナ numéro cinq	神楽坂	19	P.120-A1
Numéro 5 Paris	緑が丘	30・58・63	P.120-C2
ハ ▶ PASCAL LE GAC	赤坂	26・67	P.121-A2
Pâtisserie Cacahouète Paris	中目黒	64	P.119-B1
pâtisserie Sadaharu AOKI paris	丸の内	61・95・97・106	P.117-A1
Pâtisserie JUN UJITA	学芸大学	64	P.114-C2
▶ Pâtisserie PAROLA	日比谷	30・59・63	P.117-B1
Pâtisserie FOBS	蔵前	65・78・96・99	P.115-B3
▶ パリのワイン食堂	銀座	31・53	P.117-B2
Pain des Philosophes	神楽坂	69・98	P.120-A1
▶ PIERRE HERMÉ PARIS Aoyama	表参道	26・60・62・73	P.119-A2
HIKIXOU	白金高輪	57	P.115-C3
Philippe Conticini	渋谷	97・103	P.119-A1
FAUCHON LE CAFÉ	日本橋	47	P.116-C2
Boulangerie et Café Main Mano	代々木上原	69	P.114-B2
BOULANGERIE BURDIGALA 広尾本店	広尾	69・97	P.121-B1
Boulangerie Comète	麻布十番	72	P.121-B2
▶ BREIZH Café CRÊPERIE	表参道	30・50	P.118-B2
Fromatique	飯田橋	75	P.120-A2
▶ PAUL 神楽坂店	神楽坂	18・73・97	P.120-A1
マ MARIAGE FRÈRES 銀座本店	銀座	49	P.117-B1
MARIAGE FRÈRES 銀座松屋通り店	銀座	49	P.117-B2
Michalak Paris表参道店	表参道	60	P.118-B1
Meguro Un Jour	目黒	56	P.121-C1
MAISON KAYSER 高輪本店	高輪	68	P.115-C3
MAISON D'AHNI Shirokane	白金高輪	78・95	P.115-C3
Maison de la Bourgogne	神楽坂	54	P.120-A1
Maison Bretonne	笹塚	51	P.114-B2

	名称	エリア	ページ	MAP
	Maison Landemaine 麻布台	六本木	72	P.121-A2
ラ	Ladurée 渋谷松濤店	渋谷	48・62・103	P.119-A1
▶	La Fée Délice	原宿	30・50・71	P.118-B1
▶	La maison JOUVAUD	広尾	25	P.121-B1
▶	ラ・メゾン・デュ・ショコラ 丸の内	丸の内	66・106	P.117-A1
	RUE DE PASSY	学芸大学	65	P.114-C2
	Lugdunum Bouchon Lyonnais	神楽坂	30・54	P.120-A1
	Le Grenier à Pain	半蔵門	68・71・73	P.115-B3
	Le Clos Montmartre	神楽坂	52	P.120-A2
	Le Coin Vert	神楽坂	59	P.120-B1
	LE SALON DE NINA'S 小田急百貨店新宿店	新宿	49・95	P.114-B2
	LE CHOCOLAT ALAIN DUCASSE	日本橋	66	P.115-B3
▶	LE TOKYO FRENCH BAKERY ESPRIT	田園調布	28・63・69・73	P.120-C1
▶	LE PARISIEN	神楽坂	15	P.120-A1
▶	LE PAIN de Joël Robuchon NEWoMan新宿店	新宿	68	P.114-B2
	Le Petit Tonneau	虎ノ門	52	P.115-B3
	Le beurre noisette	丸の内	106	P.116-C1
▶	Le Bretagne	神楽坂	16・30	P.120-A1
▶	Le Bretagne Bar à Cidre Restaurant	神楽坂	17	P.120-A1
▶	Le Pommier	麻布十番	25	P.121-B2
	Restaurant Pachon	代官山	55	P.119-B1
▶	Lauburu	表参道	27	P.119-A2

買う

	名称	エリア	ページ	MAP
ア	Addict au Sucre	都立大学	63・94・97	P.114-C2
	agnès b.渋谷店	渋谷	103	P.119-A1
▶	Artisan de la Truffe Paris Tokyo Midtown	六本木	91	P.121-A2
▶	Alpage	神楽坂	15	P.120-A1
	H.P.DECO	表参道	81	P.118-B2
	ÉCHIRÉ PÂTISSERIE AU BEURRE	渋谷	63・95・103	P.119-A1
	ÉCHIRÉ MAISON DU BEURRE	丸の内	71・90・96・107	P.116-C1
	ESTEBAN GINZA	銀座	88	P.117-B2
	ESPRIT de TAILLEVENT	丸の内	107	P.116-B1
	エルベ・シャトラン	渋谷	103	P.119-A1
▶	欧明社 リヴ・ゴーシュ店	飯田橋	14・87	P.120-B1
▶	OFFICINE UNIVERSELLE BULY 代官山本店	代官山	22	P.119-B2
▶	OLIVIERS&CO 恵比寿店	恵比寿	25・90	P.119-C2
カ	quatre saisons tokio	自由が丘	81	P.120-B1
▶	galerie doux dimanche	表参道	29・80・105	P.118-B2
サ	渋谷スクランブルスクエア	渋谷	24・103	P.119-A1
タ	diptyque	渋谷	103	P.119-A1
	diptyque AOYAMA	表参道	89	P.119-A2・121-A1
	DEAN & DELUCA 六本木店	六本木	95	P.121-A2
	DELFONICS 丸の内	丸の内	87	P.116-B1
	虎ノ門ヒルズビジネスタワー	虎ノ門	91	P.115-B3
	Torico-lore	恵比寿	82	P.119-C2
	D'ORSAY青山本店	表参道	88	P.118-B2・121-A1
ナ	ナディッフモダン	渋谷	103	P.119-A1
ハ	Bazar et Garde-Manger	表参道	98・104	P.118-B2
	PAPIER TIGRE	水天宮	86・99	P.115-B3
	Bio c'Bon 麻布十番店	麻布十番	71・92・96	P.121-B2
	Picard 神楽坂店	神楽坂	71・76・98	P.120-A2
▶	Fermier 愛宕店	虎ノ門	26・75	P.115-B3
	Frédéric Cassel	銀座	94	P.117-B2
	BROCANTE	自由が丘	85	P.120-B1
	Bunkamura	渋谷	102	P.119-A1
	beillevaire 麻布十番店	麻布十番	71・75	P.121-B2
	BETJEMAN & BARTON GINZA SIX店	銀座	98	P.117-B1
	PAUL & JOE キャットストリート	原宿	105	P.118-B1
	ぽわっと	西荻窪	80	P.114-B1
マ	MAILLE	丸の内	44・107	P.116-C1
	Majorelle	下馬	84	P.114-C2
	M'amour	目黒	83・99	P.121-C1
▶	Maison Brémond 1830	——	40・71	——
ラ	La Bouche Rouge	新宿	33	P.114-B2
▶	L/UNIFORM TOKYO	丸の内	33	P.117-A1
	A.Lecomte	広尾	94	P.121-B1
	Le Monde de Nathalie	表参道	98・105	P.118-B1
▶	レ・グルモンディーズ	飯田橋	19	P.120-A2
▶	Les Abeilles Minamiaoyama	表参道	30・91	P.118-B2・121-A1
▶	L'Épicerie Le Bretagne	神楽坂	17・71・95・99	P.120-A1
	L'Occitane Omotesando VOYAGE SENSORIEL	表参道	89・96	P.118-B1
▶	Longchamp La Maison表参道	表参道	32	P.118-B1

STAFF

Producer
由良曉世

Editor & Writer
株式会社オフィス・ギア　坂井彰代、山田理恵

Photographers
伊藤智郎、竹之下三緒、松本光子、©iStock

Designers
上原由莉、竹口由希子、岡崎理恵、山田安佳里、久保田りん

Illustration
みよこみよこ、一志敦子、TAMMY、赤江橋洋子

Maps
株式会社アトリエ・プラン

Illustration map
みよこみよこ

Proofreading
株式会社東京出版サービスセンター（青谷匡美）

Special Thanks to
フランス観光開発機構、並木麻輝子、朝倉修子、ウケティ バネッサ萌々、飯田みどり
JR東日本、東京都交通局、東京メトロ

この地図の制作にあたっては、インクリメント・ピー株式会社の地図データベースを使用しました。
©2020 INCREMENT P CORPORATION & CHIRI GEOGRAPHIC INFORMATION SERVICE CO., LTD.

地球の歩き方 aruco 東京で楽しむフランス

2021年8月3日　初版第1刷発行

著作編集	地球の歩き方編集室
発行人・編集人	新井邦弘
発行所	株式会社地球の歩き方 〒141-8425　東京都品川区西五反田2-11-8
発売元	株式会社学研プラス 〒141-8415　東京都品川区西五反田2-11-8
印刷製本	開成堂印刷株式会社

※本書は2021年3～5月の取材に基づいていますが、営業時間と定休日は通常時のデータです。新型コロナウイルス感染症対策の影響で、大きく変わる可能性もありますので、最新情報は各施設のウェブサイトやSNS等でご確認ください。また特記がない限り、掲載料金は消費税込みの総額表示です。

更新・訂正情報　URL https://book.arukikata.co.jp/support/

　本書の内容について、ご意見・ご感想はこちらまで

〒141-8425　東京都品川区西五反田2-11-8
株式会社地球の歩き方
地球の歩き方サービスデスク「aruco 東京で楽しむフランス」投稿係
URL https://www.arukikata.co.jp/guidebook/toukou.html
地球の歩き方ホームページ（海外・国内旅行の総合情報）
URL https://www.arukikata.co.jp/
ガイドブック『地球の歩き方』公式サイト
URL https://www.arukikata.co.jp/guidebook/

● **この本に関する各種お問い合わせ先**
・本の内容については、下記サイトのお問い合わせフォームよりお願いします。
URL https://www.arukikata.co.jp/guidebook/toukou.html
・広告については　Tel ▶ 03-6431-1008（広告部）
・在庫については　Tel ▶ 03-6431-1250（販売部）
・不良品（乱丁、落丁）については　Tel ▶ 0570-000577
学研業務センター　〒354-0045　埼玉県入間郡三芳町上富279-1
・上記以外のお問い合わせ　Tel ▶ 0570-056-710（学研グループ総合案内）

Line up! arucoシリーズ

国内
- 東京
- 東京で楽しむフランス
- 東京で楽しむ韓国
- 東京で楽しむ台湾

海外

ヨーロッパ
- 1 パリ
- 6 ロンドン
- 15 チェコ
- 16 ベルギー
- 17 ウィーン／ブダペスト
- 18 イタリア
- 20 クロアチア／スロヴェニア
- 21 スペイン
- 26 フィンランド／エストニア
- 28 ドイツ
- 32 オランダ
- 36 フランス
- 37 ポルトガル

アジア
- 2 ソウル
- 3 台北
- 5 インド
- 7 香港
- 10 ホーチミン／ダナン／ホイアン
- 11 バリ島
- 13 上海
- 19 スリランカ
- 22 シンガポール
- 23 バンコク
- 27 アンコール・ワット
- 29 ハノイ
- 30 台湾
- 34 セブ／ボホール／エルニド
- 35 ダナン／ホイアン／フエ

アメリカ／オセアニア
- 9 ニューヨーク
- 12 ホノルル
- 24 グアム
- 25 オーストラリア
- 31 カナダ
- 33 サイパン／テニアン／ロタ
- 35 ロスアンゼルス

中近東／アフリカ
- 4 トルコ
- 8 エジプト
- 14 モロッコ

読者プレゼント
ウェブアンケートにお答えいただいた方のなかから抽選ですてきな賞品を多数プレゼントします！詳しくはチラシとウェブサイトをチェック☆

応募の締め切り
2022年7月31日

URL https://www.arukikata.co.jp/guidebook/enq/arucotokyo/

© Arukikata. Co., Ltd.

本書の無断転載、複製、複写（コピー）、翻訳を禁じます。
本書を代行業者等の第三者に依頼してスキャンやデジタル化することは、たとえ個人や家庭内の利用であっても、著作権法上、認められておりません。

All rights reserved. No part of this publication may be reproduced or used in any form or by any means, graphic, electronic or mechanical, including photocopying, without written permission of the publisher.

学研の書籍・雑誌についての新刊情報・詳細情報は、下記をご覧ください。
学研出版サイト　URL https://hon.gakken.jp/